배움이 느린 아이들

배움이 느린 아이들

김영훈 지음

시공사

공부에서 길을 잃은
부모와 아이에게

상위 1~10%의 영재를 제외하고 나머지는 공부머리를 타고나지 않는다. 초등학교 한 학급 인원이 30명이라고 하면 단 3명만 공부를 잘하는 것이다. 학습 격차, 편차는 지극히 당연한 현상이다. 하지만 공부만이 성공이라고 말하는 사회에서 아이 공부에 인생을 바치는 부모들은 '격차'와 '편차'를 받아들이지 못한다.

아이의 학습이 시작되면 부모는 잘한다, 못한다, 빠르다, 느리다 같은 양극단의 표현으로 아이를 평가한다. 그리고 아이가 충분히 노력하지 않아서, 공부머리를 타고나지 않아서, 사교육을 많이 받지 않아서 등등 여러 이유를 들어 어떻게든 격차와 편차를 없애려고 한다.

모든 아이가 저마다 기질이 다르고 발달 양상이 다르듯 아이들의 학습 속도 또한 다르다. 그렇기 때문에 부모는 아이 학습을 적당한 속도로 이끌어주고, 올바른 시선으로 바라봐야 한다. 그리고 아이의 배움이 느릴 때 나타나는 조기 신호를 파악해야 한다.

신호는 다양하다. 다른 아이들에 비해 신체조절 능력이 부족하거나 집중하지 못하거나 언어 발달이 빠르지 못하다. 유아기에는 또래보다 부산하거나 산만한 행동이 눈에 띄고, 힘을 조절하지 못해 사람을 과도하게 밀거나 물건을 망가뜨려 문제를 일으키는 경우가 많다. 표현 언어도 부족하고, 말수도 적지만 말귀를 알아듣는 기능은 정상이기 때문에 지능에 문제가 있다고는 미처 생각하지 못한다.

초등학교에 들어가면 신호가 본격적으로 나타난다. 가장 먼저 눈에 띄는 부분은 학습이다. 초등학교 입학을 앞두고 한글을 가르치다 보면 이상할 만큼 학습이 안 되는 아이가 있다. 연필을 쥐는 힘이 약해서 글씨를 오래 쓰지 못하고, 가르쳐준 글자를 쉽게 기억하지 못해 한글을 배우는 데 어려움을 겪는다. 수 세기도 늦다. 물건의 수와 숫자를 일대일로 연결해 말하지 못하고, 1에서 20까지 수를 헤아리는 데도 어려움을 겪는다. 지능에는 문제가 없어 보이지만 학습할 때만 어려움을 보인다면, 배움이 느린 아이라고 볼 수 있다.

배움이 느린 아이들은 몇 가지 유형으로 구분할 수 있다.

기본 학습력이 부족한 아이일 수 있다. 이런 아이는 국어에서 읽기나 기본적인 어휘 구사력, 수학에서 수 개념이나 기본적인 사칙연산 등 과목별 필수 학습력이 부족하다. 글자를 유창하게 읽지 못하고 구구단을 잘 외우지 못하면 해당 교과는 물론이고, 다른 교과에서도 배움이 느릴 수밖에 없다. 필수 학습력은 정확성과 신속성이 모두 필요하다. 유창성이 있어야 상위 과제 처리가 가능하기 때문이다. 예를 들어, 낱글자 해독에 시간과 노력이 많이 든다면 독해가 어려워진다.

집중력이 부족한 아이일 수 있다. 이런 아이는 기본 학습력과 의욕이 있다고 해도 공부를 끝까지 혹은 일정 시간 지속하지 못한다. 일단 공부를 시작하지만 교과 학습에 필요한 시간만큼 지속하지 못하는 것이다. 주어진 과제를 수행하기 위해 계획된 시간보다 더 많은 시간을 투입하거나 불편을 감수하거나 실패에 당당히 맞서는 능동적 집중력이 부족하다.

느긋한 성격의 아이일 수 있다. 이런 아이는 스스로 아무것도 못하는 것처럼 보인다. 부모의 말에 울음이 터지거나 "난 못해. 엄마, 아빠가 해줘" 하는 식으로 반응하는 경우도 있다. 그러면 부모는 아이의 나약함에 동정심을 보이거나 도움의 손길을 내미는데, 그보다는 아이가 잘할 수 있는 행동을 유도하고 격려해주는 것이 더 필요하다.

공부 습관이 형성되지 않은 아이일 수 있다. 공부 방법이 부적절한 것이다. 학습 동기와 집중력도 있지만 공부 방법 자체가 효과적이지 않아서 투입한 노력이나 시간에 비해 성취가 낮은 편이다. 내용의 요점보다 주변에 더 관심을 갖고, 학습량이 많다. 교사가 중요하다고 강조한 내용에 주의를 기울이지 않는다. 자기가 무엇을 알고 모르는지를 인지하는 능력이 부족해서 공부 습관이 만들어지지 않는다.

의욕이 없는 아이일 수 있다. 공부 자체에 흥미나 관심이 없는 대신 친구들과 놀이, 게임이나 인터넷 서핑, 학교 공부 이외의 취미 활동에 더 관심이 많다. 이 아이의 긍정적인 점은 평소 관심과 흥미 대상의 영역을 잘 활용하면 학습 동기를 끌어낼 수 있다는 것이다. 그러나 공부는 물론 친구와 하는 게임에도 의욕을 보이지 않는 경우 아이의 학습력을 회복시키는 데 더 큰 어려움이 따른다.

재촉하는 부모도 아이의 배움을 느리게 할 수 있다. 배움은 아이의 심리나 정서가 안정된 상태에서 잘 이루어진다. 기본 학습력과 학습 동기가 충분하다고 해도 심리적으로 쫓기거나 불안해하는 상황에서는 배움이 잘 이루어지기 어렵다. 개인이나 가정의 문제 혹은 주변 여건으로 인해 심리나 정서가 안정되지 못해도 공부에 집중하기 어렵지만 부모가 지배적이거나 재촉하는 성향이어도 아이는 가정 형편이나 아이 개인의 인지 능력에 상관없이 공부에 집중하기 힘들 수 있다.

그리고 간혹, 배움이 느린 아이 중에 뒤늦게 학습 장애 판정을 받는 아이가 있다. 학습 장애는 읽기, 쓰기, 산술 등에 어려움이 따르는데, 전체의 80%가 읽기 장애다. 눈과 손의 협응 능력이 떨어지면 글쓰기가 어려워서 줄도 안 맞고, 악필이며, 쓰는 자세도 안 좋다. 이런 아이는 공부에 지장을 받을 정도로 뇌 발달에 문제가 있는 것이다. 특히, 음운을 인식하는 뇌의 문제로 읽기, 쓰기, 산술에 어려움을 겪는다. 인지 능력이나 학습 동기, 학습 의지, 심리 상태 등에 별 문제가 없어도 뇌 발달에 문제가 있다면 공부하기 어려울 것이다.

이 책은 공부머리를 갖고 태어나지 않았거나 공부 정서가 형성되지 않은 아이들의 학습 능력을 이끌어주는 교육서. 두 뇌 발달 단계에 따른 교육, 아이 학습에 관한 부모들의 올바른 심리 형성, 자녀와의 관계 회복 방법을 제시하고, 부모와 아이가 각자의 속도, 환경에 발맞춰 최적의 학습 능력을 기르도록 도와준다. 꼭 처음부터 끝까지 차례대로 읽을 필요는 없으며, 자녀의 유형에 해당하는 장을 먼저 읽어도 상관이 없다.

아무쪼록 이 책이 학령전기와 초등학교 저학년 시기 아이의 뇌 발달을 이해하고, 배움이 느린 아이들이 공부머리를 만들어가는 데 작으나마 도움이 되면 좋겠다. 마지막으로, 아이를

키운 경험과 엄마의 시각으로 원고를 검토해준 아내 송미경에
게 고마움을 전한다.

가톨릭대학교 의정부성모병원에서

김영훈

9

Special Chapter 글을 읽어도
이해하지 못하는 아이

Chapter 1

내 아이는
배움이 느린
아이일까?

배움이
느린 아이란

학습 속도가 느린 아이를 가리켜 배움이 느린 아이라고 말한다. 일반적으로 학업 성적이 특정 기준보다 낮은 경우를 말한다. 그러나 그 기준 점수를 무엇으로 정할 것인가는 쉽게 합의되기 어렵다. 아이가 일상 대화도 잘하고, 주어진 가벼운 일도 별 어려움 없이 해내 큰 문제가 있다고 인식하기 어렵기 때문이다. 다만 학습 환경에 놓이면 큰 어려움을 겪어 학습하기 어려운 아이, 공부가 맞지 않는 아이, 공부하기 싫어하는 아이로 여길 뿐이다.

배움이 느린 아이는 배우는 과정에서 누군가 도움을 주면 해낼 수 있는 것처럼 보이지만 혼자 앉아서 공부하라고 하면 산만해지고 공부에 몰입하지 못한다. 또한, 다른 아이들이 20분이면 해낼 공부 분량을 몇 시간이나 붙들고 있어 부모나 교사에게 가르치기 매우 어려운 아이라고 여겨진다. 그래서 한 번에 배울 수 있는 양이 적고, 배우는 속도도 느린 아이를, 흔히 배움이 느린 아이라고 부른다.

현재 우리나라에서는 경계선 지능IQ 70~84 아이들도 배움이 느린 아이라고 부른다. 인지 능력이 다소 부족하다고 해서 경계선 지능을 가졌다고 하는 잘못된 인식이나 경계선 지능이란 말에서 느껴지는 심리적 불편함의 해결책으로, 경계선 지능을 가진 아이를 배움이 느린 아이라고 부르는 것이 현실이다. 학습 장애를 가진 아이들도 학습 속도가 느리기 때문에 배움이 느린 아이로 불릴 수 있다. 그러나 학습 장애와 경계선 지능의 인지 특징은 조금 다르다.

넓게 보면 경도의 지적 장애IQ 55~69 아이도 배움이 느린 아이에 포함할 수 있고, 경미한 자폐 증상을 가진 자폐스펙트럼장애Autism Spectrum Disorders, ASD 아이도 배움이 느린 아이에 포함할 수 있다. 하지만 이 아이들은 특수교육을 해야 하기 때문에 부모가 지도할 수 있는 한계가 있다. 그래서 학교마다 특수교사가 배치된 학급이 마련되어 있는 것이다.

간혹 배움이 느린 아이들 중에는 경계선 지능을 가진 ASD나 주의력결핍 과다행동장애Attention Deficit Hyperactivity Disorder, ADHD 증상이 있는 아이도 있다. 이 경우에는 경계선 지능을 먼저 생각하기보다는 ASD나 ADHD 증상을 치료하는 것이 우선이다.

하지만 경계선 지능이나 학습 장애로 스스로 일상생활의
기술을 터득하거나 학습 능력을 향상하는 데 어려움이 있어 배
움이 느린 아이는 부모가 도움을 주어야 한다. 알아서 하지 못
한다고 걱정할 필요는 없다. 이런 아이는 사고하는 법, 공부하
는 법을 잘 모를 뿐이다. 조금만 도와주면 점차 스스로 알아서
할 수 있다.

인도의 란자나 교수는 배움이 느린 아이는 다른 아이들과
동일한 잠재력을 가진 아이라고 말한다. 배움이 느린 아이에게
적합한 교육이 이루어진다면 큰 어려움 없이 살아갈 수 있다.
또한 배움이 느린 아이들 중에는 특별한 분야에서 탁월한 능력
을 발휘하는 아이도 있다. 이것이 우리가 배움이 느린 아이에게
집중해 도움을 주어야 하는 이유다.

배움이 느린 아이의 기준

배움이 느린 아이의 기준 점수는 크게 두 가지 방식으로 정
할 수 있다.

또래의 성적이다. 하지만 또래가 어떤 집단을 말하느냐에
따라 그 성적은 높을 수도 있고, 낮을 수도 있다. 또래의 지능
수준이나 선행 학습 정도가 높다면 기준 점수가 높을 것이다.
또한 같은 학교, 같은 지역, 전국 등 또래의 범위에 따라서도 기

준 점수는 달라진다. 뿐만 아니라 절대 점수가 아닌 상대적인 위치를 기준으로 할 경우, 예를 들면 하위 25%로 할 것인지 하위 16%로 할 것인지에 따라 기준 점수는 달라진다.

또래 성적과 상관없이 미리 정한 절대 점수를 기준으로 할 수 있다. 이 경우에도 문항의 난이도에 따라 미리 정한 정답률에 도달하기 어려울 수도 있고 쉬울 수도 있다. 미리 정하는 절대 점수가 60점인지, 70점인지, 80점인지에 따라 배움이 느린 아이들의 수는 달라진다.

배움이 느린 아이의 기준과 관련해서 이를 확인하기 위한 교과 영역을 무엇으로 정할 것인가도 쟁점이 될 수 있다. 일반적으로 읽기reading, 쓰기writing, 셈하기arithmetic 등 소위 3R을 대상으로 수행 정도를 평가하지만 문학, 문법, 비문학 등을 포함한 국어 전 영역도 포함해야 하며, 외국어, 사회, 과학 교과 영역도 포함해야 한다는 주장이 있다.

최근에는 지식 정보 처리, 창의적 사고, 공동체, 의사소통, 심미적 감성, 자기 관리 등 미래 핵심 역량과 문제를 해결하고 심신을 단련하며 진로를 설정하는 능력을 배움이 느린 정도를 확인하는 기준에 포함해야 한다는 주장도 있다.

배움이 느려지는 이유

배움이 느린 아이는 정보 처리 능력, 학습 전략, 필수 학습력, 산수 학습 기술, 어휘 등 인지 측면에서 문제가 나타난다. 정보 처리 능력에서 나타나는 문제의 가장 두드러진 특성은 작업 기억 용량이 또래에 비해 상대적으로 작다는 점이다.

작업 기억이란 새로 들어온 정보와 장기 기억 속에 저장되어 있는 정보를 연결 지으며, 어떤 과제나 문제를 해결하는 능력을 말한다. 이 작업 기억 용량이 부족하면 대부분 학습 과제를 수행할 때 어려움을 겪는다. 따라서 낮은 정보 처리 능력은 직접 바꿔야 할 속성이라기보다는 주어진 조건으로 수용하고, 배움의 질을 높이거나 학습 전략을 보완하는 방향으로 접근하는 것이 최선이다. 배움이 느린 아이의 문제점은 다음과 같다.

작업 기억력이 떨어진다

배움이 느린 아이는 작업 기억 속에 정보를 조직하고 장기 기억에서 정보를 다시 인출하는 방식에서 또래와 큰 차이가 있다. 추상적 모양의 인식이나 회상하기와 같은 비언어적 과제는 다른 아이들과 유사하게 수행하지만, 정보를 시연하고 범주화하는 작업 기억, 정보를 영구적으로 저장하는 장기 기억에서 문제가 나타난다.

특히 작업 기억 속의 정보를 잘 조직하려면 주의력이 필요한데, 배움이 느린 아이는 다른 아이들이 하는 것처럼 친숙하지 않은 재료를 자발적으로 조직하지 않는다. 주의력이 부족해 특정 대상에 시선을 고정하고 지속적으로 바라보지 못하기 때문이다. 교과서나 학습지를 오랫동안 쳐다볼 수 있어야 이해하거나 학습한 내용을 되새겨볼 수 있다.

방법을 사용하지 못한다

이해하기 힘든 자료를 읽을 때 스스로에게 질문하는 경우가 상대적으로 적고, 새로운 상황에서 어떻게 하라는 구체적인 지시를 받지 않으면 이전에 배운 접근이나 방법을 전이해 활용하는 데 어려움을 보인다. 방법 자체에 대해 알지 못하는 경우도 많다. 설사 방법을 알고 있다고 해도 언제, 어떻게 사용해야 할지를 모른다.

미국 교육심리학자 프란시스 로빈슨이 개발한 SQ3R(훑어보기survey, 질문하기question, 읽기read, 암기하기recite, 복습하기review의 5단계로 이루어진 읽기 방법)을 가르쳐도 배움이 느린 아이는 막상 글을 읽고 이해하기 힘든 상황에 처했을 때 이 방법을 스스로 생각해내고 적용하지 못한다.

정보의 시연과 범주화가 안 된다

배움이 느린 아이는 작업 기억 속에 전화번호를 암기하는 정보 시연 방식, 사물을 동물, 가구, 음식 등 집단 소속 여부로 분류하는 정보 범주화 방식이 다른 아이들과 다르다.

예를 들면, 수학 연산을 하거나 글을 읽고 이해하려면 주어진 시간 안에 제시된 내용을 보면서 해결에 필요한 절차나 정보를 장기 기억 속에서 인출해야 하는데, 배움이 느린 아이는 작업 기억 용량이 적어 이러한 처리 과정을 더디고 힘들게 수행하고, 결과적으로는 그런 과제를 회피하거나 오류를 범할 가능성이 커지게 된다. 일정 시간 다른 사람이 말하는 소리를 경청하여 들을 만큼의 주의력이 없거나 다른 사람의 말이 끝나기도 전에 주의가 흩어져 정보를 시연하고 범주화하는 것이 어려운 것이다.

학습 전략을 생각하지 않는다

학습에 수동적이어서 학습 점검, 과제 수행, 학습 결과 적응에 어려움이 있다. 학습에 초점을 맞추거나 목표를 향해 나아가지 못한다. 다른 아이들과 유사한 전략을 사용해도 효율성이 떨어진다. 배움이 느린 아이의 머릿속에 있는 경험이나 지식은 정리되지 않아 전략으로 사용하기가 어렵고, 새로운 것을 넣기도 힘들다. 따라서 배움이 느린 아이에게 새로운 지식을 전달하거나 학습시킬 때는 복잡하지 않게 작고 쉬운 단위로 나누고 조각을 하나씩 맞추어 나가듯이 해야 한다.

어휘력이 떨어진다

배움이 느린 아이는 습득한 단어의 수와 지식의 깊이에서 어휘력의 문제가 일찍부터 두드러지며 시간이 지남에 따라 악화된다. 특히 단어 학습은 노출되는 어휘 양에 영향을 받기 마련인데, 배움이 느린 아이는 다른 아이들보다 새로운 단어에 노출되는 정도가 적고, 읽기에도 긍정적인 경험이 적어 덜 읽는다. 당연히 어휘력 성장이 느려질 수밖에 없다.

또한, 배움이 느린 아이는 몇 번을 설명해도 처음 듣는 것처럼 반응할 때가 많다. 어휘력이 떨어지고 작업 기억력이 부족해서인데, 일단 입력된 기억은 잘 잊지 않는 특성이 있다. 그래서 부모가 이해하고 외우는 과정을 수없이 반복해주어야 아이가 오랫동안 정확하게 할 수 있다.

심리 정서 측면에서 불리한 여건에 처해 있다

배움이 느린 아이의 심리 정서 측면에서 주목해야 할 점은 학습된 무기력감, 목표 상실, 학습 동기와 과제 지속력 부진이다. 학업에서 장기간 축적된 실패 경험은 학습 자신감과 동기 저하로 이어진다. 이 밖에도 불안과 위축, 낮은 자아 등의 특성을 보인다. 다행스러운 점은 정서, 행동 특성은 학업 성적과 매우 밀접하게 연관되어 있어, 학업 성적이 향상되면 부정적인 정서나 행동 특성 중 일부는 호전될 수 있다는 것이다.

느린 학습과 학습 장애는 배움의 양상이 다르다

배움이 느린 아이는 대체로 또래보다 발달이 늦다. 아이의 발달 수준이나 학업 수준을 또래와 비교했을 때 2년 정도 차이가 난다.

경계선 지능과 학습 장애를 가진 아이의 발달 수준 또한 비슷한 양상을 보인다. 그러나 학습 장애 아이는 경계선 지능 아이와 배움의 양상이 조금 다르다. 학습 장애 아이는 일상생활에서는 전반적으로 2년 정도 늦되는 편이며, 학습 영역에서 국어, 수학 등 일부 주요 과목은 또래보다 2년 이상 낮은 수행 능력을 보인다. 하지만 다른 과목은 문제가 없다. 어떤 영역에서는 꽤 뛰어난 능력을 보이기도 하고, 이해력도 좋다.

지능 검사를 해보면 학습 장애 아이는 고차원적 사고력을 나타내는 유동적 추론 부분에서는 점수가 높다.

어떤 차이가 있을까?

추상적이고 개념적인 사고가 좋은 편이다

추상적이고 개념적인 사고 능력은 복잡한 추론이다. 그리고 복잡한 내용을 체계화해 이해해야 하는 상황에서 반드시 필요한 것이 인지 능력이다.

배움이 느린 아이와 학습 장애 아이의 타고난 인지 능력을 비교해보면, 배움이 느린 아이는 대체로 추상적, 개념적 사고에서 어려움을 나타내는데, 학습 장애 아이는 유독 추상적, 개념적 사고에서 탁월한 모습을 보인다. 하지만 배움이 느린 아이는 추상적이고 개념적인 사고를 타고나지 않아도 훈련이나 학습 기회를 제공하면 어느 정도 향상될 수 있다.

환경적, 정서적 요인의 영향을 덜 받는다

배움이 느린 아이는 불우한 가정 환경이나 부모, 형제, 친구 관계나 우울, 강박 등 정서적인 문제 때문에 자신이 가진 잠재력을 발휘할 수 없어서 공부가 안 되는 경우가 많다. 학습 전략 부족, 시험 불안, 가출, 왕따 등의 품행 장애도 공부를 방해하는 요인으로 작용한다. 따라서 이러한 환경적, 정서적인 요인이 제거되거나 호전되면 정상적인 학습 능력과 학업 성취도를 보인다.

반면, 학습 장애 아이는 지능도 정상이고 정서적, 사회적,

환경적인 문제가 없음에도 학습에 필요한 기술을 습득하는 데 실패하는 경우가 많다. 공부를 잘하고 싶은 마음이 있고 주변에서 공부를 열심히 가르쳐주어도 쉽게 좋아지지 않는다.

또한 지각 능력, 기억 능력, 추론 능력, 사고 능력 등 두뇌 회로에 기능 장애가 있어서 읽기, 쓰기, 말하기, 듣기, 산술, 추론이 안 된다. 그래서 후천적인 노력을 기울여도 좋아지는 속도가 느리다.

지능 검사에서 평균 수준의 인지 능력을 보인다

기본적으로 학습 장애 아이는 평균 수준의 지능을 가졌거나 지능 면에서 그만한 잠재력을 가지고 있다. 그럼에도 기초 학력 검사를 시행하면 학력 수준이 또래보다 2년 이상 뒤처진다는 결과가 나온다. 만약 그대로 자란다면 평균 수준의 지능이 저하되는 결과를 보일 수도 있다.

초등학교 저학년 때 평균 수준 이상의 지능을 가진 아이가 독서량이 적고, 학습에 어려움을 겪으면 고학년 때는 지능 지수가 평균 이하의 경계 수치를 보이기도 한다. 저학년부터 학습 능력이 뒤처진 채로 학교생활을 하면 또래 친구들과의 학력이나 인지 능력 격차가 점점 벌어지다 결국은 퇴보하는 것이다.

방향과 위치를 자주 혼동한다

학습 장애 아이는 지도를 보면서 방향 따라가기, 도형 전개도 그리기를 어려워한다. 방향이나 위치 지각의 어려움은 글자를 배울 때 큰 걸림돌이 된다. 모음의 'ㅏ'와 'ㅓ', 'ㅜ'와 'ㅗ'를 구별해 쓰기 어려워한다.

방향과 위치 지각의 혼란이 눈을 비롯한 감각기관이 아닌 주의력과 관련된 문제이기 때문에, 부모가 위치나 방향을 구분하는 방법을 알려주어야 한다.

부족한 부분을 강화해야 한다

배움이 느린 아이는 대체로 잘하는 영역이 별로 없다. 기본으로 지닌 지적, 심리적 능력도 차이가 있어서 지도할 때 어려움을 겪게 된다. 하지만 중요한 점은 배움이 느린 아이도 다른 아이들과 동일한 잠재력을 가지고 있다는 것이다. 그래서 기본 인지 능력부터 차근차근 쌓아나갈 수 있도록 꾸준하게 지도해 유능하게 만들어야 한다.

하지만 학습 장애 아이는 영역에 따라 인지 능력이 불균형을 보인다. 매우 잘하는 것과 매우 못하는 것이 섞여서 발달하는 것이다. 인지 능력 중에서 현저히 덜 발달된 부분, 부족한 부분을 중심으로 지도해야 한다.

자기주도성이 좋다

배움이 느린 아이는 스스로 공부하기까지 오랜 시간이 걸린다. 자기주도성을 키워주지 않으면 고등학생이 되어도 스스로 공부하기 어려워해 도움을 주어야 할지도 모른다.

하지만 학습 장애 아이는 자기주도성이 좋아서 초등학교 저학년부터 잘 지도하면 중학교 2~3학년 무렵에는 스스로 학습이 가능하다. 더 빠른 아이는 초등학교 고학년 때 자기주도학습 방법을 터득한다. 부모는 아이가 스스로 할 수 있는 것이 무엇인지 먼저 파악해 자기주도성을 키워주어야 한다.

읽기가
느린 아이

읽기는 후천적 학습이다

읽기에는 낱글자 읽기, 단어 읽기, 문장 읽기, 문단 읽고 이해하기 등 다양한 활동이 포함된다. 이러한 활동 중 어느 하나에서 어려움을 겪는다면 그 아이는 읽기를 성공적으로 수행하기 어렵다. 그런데 읽기를 성공적으로 수행하기 위해서는 다음과 같은 기본 학습력이 필요하다.

소리를 인식하고 변별하는 소위 음운 인식 능력, 자모음과 그에 대응하는 글자와의 관계를 아는 능력 그리고 이 두 능력을 유창하게 구사하는 능력이다. 예컨대, 어떤 글자를 소리 내어 읽으려면 그 글자와 관련된 소리를 뇌가 변별해 인식할 수 있어야 하며, 그 소리에 어떤 자모음이 대응하는지를 알아야 한다.

뿐만 아니라, 그러한 인식이나 지식이 고도로 숙달되어 스스로가 의식하지 못하는 사이에 처리될 정도의 유창함이 있어야 한다. 따라서 배움이 느린 아이를 판단할 때는 읽기 기본 학습력이 어느 정도인지를 알아야 한다.

캘리포니아대학교 버클리캠퍼스 교육대학원의 커닝엄 교수와 토론토대학교 응용심리학과 스타노비치 교수는 초등학교 1학년 때 읽기 실력으로 10년 후 독서량, 읽기 이해, 어휘, 상식 성적을 예측할 수 있다고 했다. 예일대학교 의과대학 샐리 셰이위츠 박사는 아이들의 20%가 자모음 원리를 터득하지 못해 읽기에 어려움을 겪는다고 말했다.

읽기는 반드시 후천적으로 습득해야 하는 학습 기술이다. 문자가 발명된 지 5천 년 정도밖에 되지 않았기 때문에 사람의 DNA에는 읽기와 관련된 유전자 코드가 없다. 사람의 대뇌피질에 언어 이해 영역과 언어 표현 영역은 있지만 읽기 영역은 없는 것이다.

후천적으로 읽기 능력이 습득되면 뇌의 후측두엽에 읽기와 관련된 단어의 철자, 발음, 뜻이 저장되었다가 자동으로 분석하는 단어 형성 영역이라는 곳이 새로 생기면서 읽기가 자동화된다. 우리가 글을 읽을 때는 먼저 눈으로 본 글자를 소리로 변환시키고, 다음으로 두뇌에서 소리로 바뀐 연속적인 글자-소리를 말로 이해하는 과정을 거친다. 글자의 모양을 보고 소리로 바꿀 수 없으면 읽어도 내용을 이해할 수가 없다.

시지각 문제

눈에는 각각 여섯 개의 근육이 있어서 안구가 위로, 아래로, 밖으로 움직일 수 있고, 회전 운동을 할 수 있다. 눈 안에는 수정체 두께를 조절하는 모양체 근육이 있다. 눈은 시지각(시각을 통해 수용한 시각적 자극을 정확하게 인식, 변별, 해석하는 두뇌 활동)뿐만 아니라 전정기관, 고유 수용성 기관, 소뇌가 함께 협동해야 움직인다.

아이는 두 개의 눈으로 하나의 사물을 보기 때문에 두 눈의 협동이 중요하다. 책과 가까운 물체를 볼 때 두 눈이 모이는 눈모음, 멀리 있는 물체를 볼 때 두 눈이 멀어지는 눈벌림에서 눈이 반대 방향으로 잘 움직여야 한다. 그래야 왼쪽에서 오른쪽으로, 위에서 아래로 글줄을 읽을 수 있다.

글줄을 읽으면서 눈을 한곳에 고정해야 할 때도 있다. 하지만 그때 눈을 너무 오래 고정해도 또는 너무 자주 고정해도 읽기 속도가 느려진다. 눈의 추적 기능이 떨어지면 읽던 위치를 놓치게 되고, 다시 위치를 찾기 위해 더듬거리며 읽게 된다.

그 외에도 책에는 하얀 종이 위에 까만 글자들이 촘촘히 쓰여 있다. 종이에서 오는 정보는 배경으로 처리하고 글자에 집중할 수 있어야 하는데 글자와 배경 구분이 어려우면 읽기가 느려진다. 조그만 단서로 전체를 유추하는 시각적 차단 기술이 부족하면 빨리 알아차리지 못하고 비슷한 글자를 혼동하게 된다.

시지각적 기억이 안 되면 글자의 형태를 기억하는 능력이 떨어져 다음 페이지에서 같은 글자를 봐도 읽지 못하는 현상이 생기고, 앞에서 읽은 내용과 뒤의 내용이 연결되지 않아서 몇 번이고 반복해서 읽어야 한다.

이런 문제들로 읽기가 느린 아이는 오랫동안 책을 보면서 시지각적 스트레스를 받고, 그로 인해 피로와 두통을 겪는다.

통글자 중심과 발음 중심 학습의 차이

배움이 느린 아이는 통글자로 가르치는 것이 좋을까, 발음 중심으로 가르치는 것이 좋을까? 통글자 중심 언어 학습법은 아이들이 자음과 모음을 익히는 괴로운 학습 과정에서 벗어나 친숙한 낱말을 배우는 즐거움을 느낄 수 있고, 학습 호기심과 자발성을 유도할 수 있다.

통글자 중심 언어 학습법은 친숙하고 다양한 글자에 대한 노출을 통해 문자 학습을 진행하기 때문에 자주 들어본 낱말들을 글자 모양으로 경험할 수 있다는 장점과 발음 중심 언어 학습법보다 더 많은 수의 글자에 노출된다는 장점이 있다.

반대로 발음 중심 언어 학습법은 글자의 모양과 소리를 연결하는 체계를 학습함으로써, 아이 스스로 소리를 만들어서 이해하고 기억하게 한다. 몇 개의 글자와 소리가 연결되는 원리를 익히면 배우지 않은 글자의 소리까지 이해할 수 있다.

발음 중심 언어 학습법은 글자와 소리 간의 대응 관계를 이해하는 것이 중요하다. 받침이 없는 글자의 경우에는 자음과 모음이 연결되어 소리를 내는 원리를 알아야 하고, 받침이 있는 글자의 경우에는 자음과 모음, 받침에 사용되는 자음이 하나의 소리를 만들어내는 원리를 알아야 한다. 또한 두 개의 받침이 있는 글자의 경우에는 대표 소리가 무엇인지 알아야 한다.

어휘력과 배경 지식

읽기가 느린 아이는 기본적으로 습득해야 할 어휘력이 부족하다. 읽기가 느린 아이들 대부분은 또래보다 적은 수의 어휘를 사용하고 나이에 비해 짧고 간단한 문장으로 말하고 이해한다. 누군가가 조금만 길게 말해도 그 뜻을 이해하지 못해서 멍한 표정을 짓고 쳐다보기 일쑤다.

또한, 읽기가 느린 아이는 어느 정도 한글을 읽거나 쓸 수 있음에도 독해를 잘하지 못하는 경우가 있다. 책을 읽고 내용을 이해하는 과정에 집중하게 하려면 아이에게 관련 경험이나 배경지식이 있어야 한다. 또한, 책을 읽고 그 내용을 자기 것으로 만들기 위해서도 관련 경험이나 배경지식이 있어야 한다.

적극적이고 능동적으로 배경지식을 쌓는 방법은 직접 경

험하는 것이다. 길 찾기, 표 사기, 방문하는 장소의 역사적 배경 등을 아이가 능동적으로 알아볼 수 있게 해야 한다. 만약 읽기가 느린 아이가 이해하기 어려운 내용이 책에 나온다면 부모는 자료를 직접 찾아보고 아이가 쉽게 이해할 수 있도록 도와야 한다. 아이가 스스로 자료를 찾아보게 하는 것도 좋다.

읽기가 느린 아이의 배움을 도와주려면

읽기가 느린 아이의 학습은 단계적으로 이루어져야 한다. 1단계에서는 낱글자와 소리의 대응 관계를 익히고, 2단계에서는 1단계에서 익힌 관계를 기억한다. 3단계에서는 글자의 소리 요소를 구분하는 활동을 주로 한다. 마지막 4단계에서는 반복 읽기로 유창성을 확립한다.

주변에 글자-소리를 연결해주자

평소 아이가 자주 접하는 글자들이 있다. 예를 들면 과자 봉지에 쓰인 글자나 주변 간판의 글자다. 그중에서 배운 글자를 소리 내어 읽게 하면 좋다. 이는 글자마다 소리가 있다는 것을 알게 하는 과정이며, 아이가 자주 접한 친숙한 글자를 스스로 읽을 수 있다는 성취감을 동시에 경험하게 한다. 전단지, 그림책에서 아는 글자를 찾는 놀이를 해도 좋다.

왼쪽에서 오른쪽으로 시선을 옮기는 연습을 시키자

배움이 느린 아이에게 책을 읽도록 지시하면 대부분이 순차적으로 시선을 이동하는 과제를 제대로 해내지 못한다. 꼼꼼하게 한 글자씩 살펴보지 못하고, 줄을 바꾸어 읽어야 할 때도 다음 줄로 이어서 읽지 못하고 건너뛰는 경우가 많다. 왼쪽에서 오른쪽으로 시선을 한 글자 한 글자 차례차례 옮기는 연습은 시각적 주의력을 높인다. 나아가 글을 이해하기 위해 낱말 정보를 정확하게 처리할 수 있는 조건을 만들어준다.

통글자를 먼저 읽히자

통글자 중심의 언어 학습만 하면 두 글자 낱말 혹은 세 글자 낱말을 제대로 읽지 못하는 아이가 종종 있다. 이중 모음이나 받침의 소리를 잘 구분하지 못하는 아이도 있다. 그래서 읽기가 느린 아이는 통글자로 지도한 다음, 아이가 어느 정도 읽을 수 있게 되면 자음과 모음의 원리를 가르치면서 정확하게 소리 내는 원리를 설명해주는 것이 좋다. 배움이 느린 아이가 통글자로 한글을 어느 정도 배우면 자음과 모음의 조합이나 음운 인식도 잘할 수 있다.

함께 낭독하자

더듬더듬 지나치게 느리게 읽는 아이는 아직 글자와 발음의 연결을 잘하지 못하는 단계로, 글을 읽고 내용을 이해하는 단계로 넘어가기에는 이르다. 좀 더 글자를 익숙하게 읽는 연습을 해야 한다.

아이가 책을 혼자 소리 내어 읽거나 부모가 함께 소리 내어 읽되 그 내용이 무엇이었는지는 묻지 않는다. 이 과정에서는 소리 내어 읽기를 완료하는 게 중요하다. 대개 초등학교 3학년이 될 때까지는 소리 내어 읽기를 중심에 두어야 한다. 아직 능숙하게 읽고 이해하는 능력이 없는 아이가 책을 눈으로만 읽는다면 이해하기 어렵기 때문이다.

천천히 읽는 습관을 길러주자

지나치게 빨리 읽는 아이는 비록 글자를 막힘 없이 읽을 수 있어도 내용을 물어보면 제대로 답하지 못한다. 이때는 아이에게 천천히 읽는 습관이 필요하다. 빠르게 읽는 습관을 들이면 읽지 않고 넘어가는 글자가 생기거나 조사나 어미를 바꾸어서 읽을 수 있으니, 중간마다 쉬어가면서 읽게 하자. 문장이 길다면 한숨에 읽기보다는 한 박자 쉬고 읽는 습관을 길러주고, 쉴 곳을 연필로 표시하면서 끊어 읽게 해야 한다.

반복 읽기를 시키자

미국의 교육학자 사무엘은 적절한 반복 읽기는 아이가 이해할 수 있는 수준의 낱말 50~200개가 있는 페이지를 3~4회 반복해서 소리 내어 읽는 것이라고 했다. 단, 아이가 읽는 동안 흥미를 잃지 않도록 다양한 읽기 환경이 필요하다. 예를 들면 처음에는 부모와 함께 읽고, 다음은 아이가 혼자 읽고, 그다음은 감정을 담아서 읽고, 마지막은 가족이나 친구 앞에서 읽는 것이다. 읽기 환경이 다양해지면 아이의 흥미가 쉽게 저하되지 않는다.

쓰기가
느린 아이

쓰기도 기본 학습력이 필요하다

아이가 글을 쓰려면 모양이나 기호 베껴 쓰는 능력, 글자 쓰는 능력, 작문하는 능력 등이 있어야 하는데, 이런 능력들이 갖추어지지 않을 경우 다른 사람이 읽기 쉽게 글을 쓰는 것이 힘들 수 있다. 쓰기 장애를 꼭 동반하지 않더라도 읽기 어려울 정도로 글씨가 흐리터분한 것이다.

아이가 글자를 전혀 쓰지 못하거나 또박또박 쓰지 못한다면 단기 시각 기억력, 소근육(작은 근육) 협응력에 문제가 있을 수 있다. 글자를 쓰는 동작은 자세posture, 필기구pencil, 위치position 등 세 가지 요소가 중요하게 작용한다. 이를 줄여서 3P라고 표현하기도 한다.

뇌 신경 기능 측면에서는 시각 기억력, 손가락 운동 제어 기능 그리고 글자-소리 대응 지식을 알아야 한다. 이들 요소 중 어느 한 부분이라도 제대로 기능하지 않으면 글자 쓰기에 어려움을 겪는다.

쓰기가 느린 아이는 문장이나 단락 구성에도 어려움을 겪을 수 있다. 정신적으로 시간을 들여 글 쓰기 계획을 세우는 데 어려움을 겪을 수 있으며, 문단을 정리하고 글에 올바른 문법이나 적절한 문장 부호를 사용하기 어려워 할 수 있다.

쓰기에서 글자를 반복하거나 덧붙이기도 하고 순서를 거꾸로 쓰거나 빼먹거나 다른 글자로 바꿔 쓰기도 한다. 쓰기나 베껴 쓰기를 할 때 글자가 움직이는 것처럼 느껴진다고 호소한다. 철자를 소리 나는 대로 쓰고, 쓸 때마다 다르게 쓴다.

소근육 협응력 문제

손으로 글씨를 쓰는 것은 쓰기가 느린 아이에게 매우 어려운 일이다. 우선 연필을 쥐는 모양이 부자연스럽고, 손 힘이 조절되지 않아 필요 이상으로 글씨를 강하게 쓰거나 약하게 쓴다. 또한 글씨를 보면 모양과 크기가 일정하지 않고, 띄어쓰기를 하지 못해 모든 글씨를 붙여 써버린다.

이는 쓰기가 느린 아이들에게서 흔히 나타나는 현상으로, 쓰기가 느린 아이들은 모두 손가락 사용에 필요한 소근육 운동 협응력이 발달되어 있지 않다. 행동이 굼뜨고 어색해서 단체 스포츠 활동에 참여할 기회도 거의 없다. 자랄수록 운동 능력은 훨씬 더 뒤처지고, 그 결과 자신감이 떨어진다. 대부분은 체육 시간에 잘 적응하지 못할 뿐만 아니라, 부정적인 신체 자아상이 형성되고 학업에서도 기대 이하의 성적을 보인다.

소근육 협응력에 문제가 있으면 작문, 운동 계획, 운동 패턴 기억에 어려움을 겪을 수 있다. 처음에는 학령전기 또는 취학전기 아이에게서 나타나며, 옷 단추를 풀고 끼우거나 공을 잡는 등 나이에 적합한 운동 기술을 수행하지 못하는 모습이 발견된다. 초등학교 시기에는 글쓰기나 스포츠 활동에 어려움을 보인다.

국어뿐만 아니라 수학이나 영어, 과학과 같은 다른 과목에서도 쓰기는 필수 학습활동이다. 초등학교 저학년은 이후 학습을 위한 기초를 다져야 하므로 글을 배울 때 반드시 글씨 쓰는 연습을 꾸준히 해야 한다.

작문 문제

작문은 글자 쓰기보다 훨씬 복잡하고 고등의 사고 기능을 필요로 한다. 쓰기가 느린 아이는 철자, 띄어쓰기, 문단 구성, 문법 등 작문의 기술적 측면에서 빈번한 오류를 보인다. 또한 글을 쓸 때 계획하여 쓰기보다는 즉흥적으로 떠오르는 낱말이나 생각 중심으로 쓰다 보니 내용 간 연결이나 구조가 매끄럽지 못하다.

더구나 글을 통해 말하고자 하는 바가 뚜렷하지 않거나 여러 가지 메시지가 혼합되어 있다. 따라서 문장이 짧고, 특정 단어를 반복적으로 사용하는 경향이 있다. 이렇게 되면 자신이 글을 어떻게 쓰고 있는지, 어떤 부분을 고쳐야 하는지 등에 대한 인식이 부족할 수밖에 없다. 글을 쓰는 데 있어서 이러한 어려움이나 약점은 대체로 성인기까지 이어진다.

쓰기가 느린 아이의 배움을 도와주려면

쓰기가 느린 아이에게 처음부터 글자를 또박또박 쓰도록 지도하는 것은 바람직하지 않다. 모양이나 기호 등을 필기구로 그리거나 써보는 활동부터 시작해야 한다.

글자 쓰기는 단순히 쓰기 동작이나 글자 획 순서 등의 기억력뿐만 아니라 특정 글자나 자모음에 해당하는 음소를 알고, 이를 빠르고 정확하게 연계하는 음운 인식 능력을 필요로 한다. 또한 작문은 매우 복잡하고 고차원적인 하위 기능을 필요로 하기 때문에 쓰기는 장기간 지속적인 교육과 연습이 중요하다.

손으로 하는 동작을 단계적으로 개선시키자

쓰기가 느린 아이는 손으로 하는 대부분의 활동이 어설프고, 정확하지 않기 때문에 부모가 참지 못하고 도와주는 경우가 많다. 아이에게 손으로 무엇인가를 시키는 것이 심리적으로 불편한 것이다. 그래서는 안 된다.

소근육 협응력은 심리적으로도 자기주도성, 자발성과 연결되어 있다. 아이가 자신의 손가락을 이용해 무엇을 할 수 있다고 느끼는 것은 자신의 유능감을 인식하는 과정이며, 유능감이 생기면 무엇이든지 도전하고 시도하게 된다.

쓰기가 느린 아이의 부모는 아이가 손으로 하는 동작을 하기 싫다고 주저할 때 쉬운 단계부터 조금씩 수준을 높여가도록 이끌어 아이의 자기주도성을 훼손하지 말아야 한다. 유치원이나 학교를 다니는 동안 손 작업이나 악기 연주 등의 취미 활동을 꾸준히 시키는 것이 좋다.

글자는 획의 순서대로 쓰게 하자

쓰기를 처음 배울 때는 글자 모양에 신경을 써서 쓰게 하는 것이 좋다. 특히 글자의 획을 올바른 순서로 쓰는 연습을 하게 하자. 이는 글자의 세부 특징을 깊이 살펴볼 수 있고 글자 간의 차이를 인식하는 능력을 발달시킨다. 나아가 글자를 익히는 것은 물론 시각 주의력 향상에도 도움을 준다.

다른 사람들이 알아볼 수 있게 글씨를 쓰게 하자

글씨를 쓰는 목적은 누군가가 읽을 수 있도록 하는 것임을 마음에 새기는 것이 중요하다. 물론 다른 사람들을 의식해서 글씨를 쓰는 것은 아니지만, 그 목적은 정보 전달이다. 글씨를 쓸 때 다른 사람들이 알아보지 못하게 쓰면 글씨가 제 기능을 하지 못한다.

의식적으로 띄어쓰기를 강조해 가르치자

쓰기가 느린 아이는 기본적인 읽기와 쓰기를 학습했다고 하더라도 띄어쓰기를 잘하지 못하는 경우가 많다. 띄어쓰기는 글을 쓸 때 어절마다 간격을 두고 쓰는 것이다. 아이가 띄어쓰기를 잘하지 못하게 되면 글의 의미 파악도 어렵고 띄어쓰기에 따라서 글의 내용이 완전히 달라지기도 한다.

따라서 의식적으로 띄어쓰기를 계속 해야한다. 문장 구성의 최소 단위인 어절 단위로 끊어서 소리 내어 읽고, 글씨를 쓰면서 띄어쓰기를 연습하면 더 효과적이다. 쓰기가 느린 아이가 이렇게 연습하면 나중에 긴 글을 읽고 내용을 의미 단위로 나누어서 이해할 수 있어 읽기에도 도움이 된다.

동요와 동시를 필사하게 하자

글씨 쓰기의 숙련을 위해서는 동요나 동시의 필사만큼 효과적인 것이 없다. 초등학교 1학년 말부터 동요나 동시를 필사하자.

동요나 동시는 짧아서 아이들이 부담을 덜 느낀다. 또한 같은 글자나 문장이 반복되어 나오는 경우가 많아서 글자나 문장을 익히는 데 도움이 된다. 의성어와 의태어도 자주 나오기 때문에 다양한 낱말 표현을 알게 된다.

리듬감 있는 놀이나 노래를 가르치자

쓰기에 있어서도 음운 인식과 순서 정렬이 중요하다. 어렸을 때 리듬감 있는 놀이나 노래를 즐기면 음운 인식과 순서 정렬 능력을 강화하는 데 도움이 된다. 일 년 열두 달 같은 생활에서 순서와 관계된 것들을 노래나 율동으로 배우면 상당히 효과가 있다. 음악은 음운 인식과 순서 정렬을 도와주는 더없이 좋은 수단이다. 일정한 순서가 있는 율동을 배우는 것도 순서를 지각하는 데 도움이 된다.

아이가 순서 감각을 익히도록 만화 그림을 보며 순서를 맞추는 놀이를 하자. 지나치게 복잡한 순서를 익히지 않고도 몇 가지 순서만을 익혀 다룰 수 있는 악기를 연주하게 해도 좋다. 체크리스트를 여러 장 복사해서 게시판에 붙여두고 예행연습이나 역할 놀이를 통해 전체 과정을 직접 경험하게 하자.

셈하기가 느린 아이

아이들이 셈하기가 느린 이유는 다양하다. 간단한 수학 연산을 빠르고 정확하게 해야 하는데 그렇게 하지 못하거나 주의력 결핍으로 인해 문제 해결 절차를 끝까지 수행하지 못할 수 있다. 연산에는 문제가 없지만 도형의 지각과 조작이 상대적으로 안 될 수도 있다.

또한, 사고력이 필요한 수학에서는 읽기 능력이 부족하면 셈하기에도 문제가 생긴다. 셈하기가 느린 아이는 숫자가 조금만 커져도 어려워한다. 조금만 어려워 보이면 "그거 나중에 하면 안 돼요?"라고 말한다. 생각하는 것 자체가 부담스럽고 거부감이 들기 때문이다. 특히 숫자가 커지거나 많거나 문제가 길어지면 어느 순간 셈하기를 멈추는 경향이 있다.

아이가 셈하기를 잘하려면 스스로 깊게 생각하는 경험을

해야 한다. 누군가가 대신 생각해주거나 혼자 대충 생각하고 말면 셈하기 능력은 잘 향상되지 않는다. 복잡한 문제라도 스스로 해결하지 못하면 셈하기를 할 수 없다.

공식에도 익숙해져야 한다. 처음에는 덧셈과 나눗셈 공식이 쉽지 않겠지만, 그 또한 연습하다 보면 금세 익숙해진다. 그래서 나중에는 의식적으로 어떻게 해야겠다고 생각하지 않아도 계산을 쉽게 할 수 있고, 더 복잡한 계산도 가능해진다. 스스로 해보는 습관이 중요하다. 특히, 수학은 대표적인 계단식 교과다. 기초 단계를 다지지 않고 상위 단계로 나아가기 어렵다.

수 감각과 수의 규칙성

배움이 느린 아이는 또래가 영유아기부터 자연스럽게 습득하는 수학의 기초 개념을 쉽게 학습하지 못한다. 주의력이나 기억력이 또래보다 부족해 제힘으로 기초 개념을 터득하지 못한 채 지나갈 수 있다. 그래서 아이가 기초 개념을 확립할 수 있게 부모가 곁에서 도와주어야 한다.

배움이 느린 아이가 수학의 기초 개념을 이해하기 위해서는 수 감각과 수의 규칙성을 알아야 한다. 수 감각은 사물과 수의 대응 관계를 이해하는 것이며, 사물의 양적 특성을 수로 표현하는 능력이다. 예를 들면, 물 컵이 네 개 놓여 있을 때 '4'라는 숫자를 떠올리는 것이다.

수 감각이 부족하면 사물의 수효를 숫자로 연결 짓지 못한다. 수의 규칙성에 대한 이해도 부족하다. 수는 1부터 10까지 차례로 나열되고, 그다음에는 11부터 20까지 나열되고, 또 그다음에는 21부터 30까지 나열되는 방식으로, 일정한 규칙성을 가지고 있다. 수는 1씩 커지면서 이어진다. 그래서 규칙적으로 수를 건너뛰면서 말하게 되면 일정한 규칙성을 가진 수를 말할 수 있다.

그러나 배움이 느린 아이의 머릿속에는 규칙적인 수에 대한 표상이 만들어져 있지 않다. 배움이 느린 아이는 머릿속에 수의 규칙적인 패턴에 대한 이미지가 없기 때문에 수 세기나 수 규칙을 이해하지 못한다.

가르기와 모으기

사물을 수로 표현하는 것을 이해하기 위해서 수 감각이나 수의 규칙성이 필요하다면, 일상생활에서 해결해야 하는 여러 가지 문제에 수를 적용하기 위해서는 연산이 필요하다.

가르기와 모으기는 5를 4와 1 또는 3과 2로, 6을 4와 2 또는 3과 3으로 나누는 것이다. 연산을 잘하려면 가르기와 모으기를 잘해야 하는데, 특히 10의 보수를 이해하기 위해 10을 여러 가지 수로 가르고 모으는 연습을 충분히 해야 한다. 배움이 느린 아이는 가르기와 모으기의 활동을 충분히 반복해 숫자로 말할 수 있다고 해도 그것이 어떻게 덧셈과 뺄셈으로 연결되는지 이해하지 못하는 경우가 많다. 그래서 가르기와 모으기를 할 때는 덧셈식, 뺄셈식과 연관 지어 공부해야 한다.

또한 배움이 느린 아이는 구체적 사물이 있을 때는 수를 제법 잘 말하다가도 사물이 없을 때 가르기와 모으기를 하지 못하는 경우가 많다. 머릿속으로 표상을 만드는 데 어려움을 나타내는 배움이 느린 아이는 단기적으로 손가락셈을 사용해 수 세기, 덧셈, 뺄셈을 쉽게 배울 수는 있다. 하지만 어려움이 있더라도 손가락셈이 아닌 머릿속 표상을 활용하는 연상 학습에 익숙해져야 한다.

어림잡기

배움이 느린 아이는 길이나 물건의 양을 어림잡아 헤아리지 못하는데, 어림잡기는 나눗셈을 할 때 필요하다. 예를 들어 20 나누기 5를 계산할 때 20이라는 수 안에 5가 4번 들어간다는 어림잡기를 해야 한다.

어림잡기는 정확한 수와 양을 맞추는 게 아니라 자신의 수 감각을 바탕으로 실제의 수량에 근접하게 추측하는 것이다.

큰 수의 나눗셈은 바둑돌을 사용할 수 없지만, 20 이하의 작은 수는 바둑돌을 이용해 몇 묶음으로 나누어지는지 생각해 볼 수 있다. 이 과정을 충분히 반복하고 나면 나눗셈으로 바로 넘어가지 말고 구구단을 이용해 큰 수를 어떤 수로 나눌 수 있는지 연습하자.

구구단

배움이 느린 아이는 기억하는 힘이 부족하다. 기억하기 위한 집중력이 다른 아이들보다 약하다. 잘 외우고 싶은데 잘 외워지지 않는 것이다. 또한 한 번 외웠던 구구단도 금세 잊어버리고 생각해내지 못해서 실생활에서 물건의 개수나 값을 구할 때 구구단을 활용하지 못한다.

배움이 느린 아이에게는 구구단을 외우기 전 그 원리를 충분히 가르칠 필요가 있다, 실생활에서 구구단을 다양하게 활용할 수 있다는 사실도 가르쳐야 한다.

구구단을 쉽게 외우는 방법은 쉬운 단부터 먼저 외우는 것이다. 2단, 4단, 8단은 수의 변화가 비슷하기 때문에 함께 외우면 편하다. 구구단을 외우는 순서도, 처음에는 5단부터 외운다. 다음에는 2, 4, 8단을 외우고, 그다음에는 3, 6, 9단을 외운다. 마지막에는 가장 불규칙해서 어려운 7단을 외우면 좋다.

그리고 구슬, 블록, 바둑돌, 사탕 등을 이용해 묶어서 세기를 할 수 있다. 처음에는 100 수 배열판을 옆에 놓고 잘 모를 때 참고해도 좋다.

셈하기가 느린 아이의 배움을 도와주려면

질문으로 수의 개념을 알려주자

수학 학습에서 질문의 힘은 막강하다. 구체적인 상황에서 수의 개념을 알려주는 개방적 질문을 해보자. "배달된 피자 한 판이 여덟 조각으로 나눠져 있는데 넷이서 나눠 먹으려면 어떻게 해야 할까?" "음료수 한 캔을 셋이서 똑같이 나눠 마시려면 어떻게 해야 할까?" "귤이 두 개밖에 없는데 넷이서 공평하게 나눠 먹으려면 어떻게 해야 할까?"

일상생활에서 셈하기 활동을 하자

실제 경험, 가상 현실 속에서 다양한 수학 문제를 꺼내어 자유롭게 이야기해보자. 일상생활 속에서 일어나는 흥미와 관심, 요구, 질문, 갈등을 수학으로 해결하는 활동은 아이에게 가장 직접적이고 구체적이며 유의미한 경험이 될 수 있다.

마트에서 물건을 살 때 특정 물건을 추가로 담기, 서로 다른 모양의 식품 찾기, 계산하기 위해 대기 중인 번호 인식하기 등도 그런 활동의 일환이다. 부엌에서 레시피를 보며 재료 넣기, 요리에 필요한 시간 이야기하기, 음식을 나눠 먹을 때 어떻게 나눌지 생각하기 등도 있다. 버스를 타거나 지하철을 탔을 때 앉아 있는 사람 수, 타거나 내린 사람 수를 물어보기도 있다.

놀이나 게임에서 수 개념을 떠올리게 하자

부모가 블록을 쌓아 올리면서 "하나, 둘, 셋, 넷" 하고 수를 세다가 블록 몇 개를 빼자. 그리고 "이제 블록이 몇 개 남았을까?"라고 물어보자. 할리갈리와 같은 게임도 좋다. 종을 재빠르게 치려면 일일이 과일의 개수를 세기보다는 눈대중으로 몇 개인지를 빠르게 알아야 하기 때문에 수량에 대한 순간적인 판단력이 강화된다.

순서를 기다려야 하거나 줄을 서야 하는 상황에서는 "우리는 몇 번째야?"라고 물으며 서열의 개념을 이해하게 할 수 있고, 차례가 다가오거나 줄이 짧아지는 것을 보면서 뺄셈을 함께 해볼 수 있다.

암산 능력을 키워주자

배움이 느린 아이는 암산을 어려워하기 때문에 계산기를 사용하도록 허락하는 부모가 많다. 물론, 실생활에서는 수 계산의 어려움을 줄이기 위해 암산보다 계산기를 사용하는 것이 좋을 수도 있다. 하지만 배움이 느린 아이가 가진 인지 능력을 확장하기 위해서는 작은 수부터 단계적으로 암산을 하는 것이 도움이 된다.

100 수 배열과 같은 도구를 활용해 수 세기를 연습하게 하자

기본적인 수 개념을 만들기 위해서는 수를 차례로 셀 줄 알아야 하고, 수의 규칙적인 변화를 이해해야 한다. 따라서 차례로 수 세기, 거꾸로 수 세기, 번갈아 이어서 수 세기, 2씩 커지는 수 세기, 3씩 커지는 수 세기, 5~10씩 커지는 수 세기 등 부모와 아이가 100 수 배열판을 보면서 수를 읽는 연습을 해보자. 예를 들어 이어서 세기를 한다면 부모가 먼저 1, 2, 3을 읽고 나서 아이가 4, 5, 6, 7, 8을 읽고 그다음 부모가 이어서 9를 읽는다. 수 배열판을 가지고 몇 차례 이어 수 세기를 하고 나면 수 배열판 없이 수 세기를 한다.

구구단을 즐거운 놀이나 게임으로 외우게 하자

바둑돌이나 구슬을 활용한다고 해도 구구단을 외우는 고단한 과정을 피할 수 없다. 그래서 배움이 느린 아이가 힘든 구구단 외우기를 즐겁게 해내려면 일상생활에서 놀이나 게임을 자주 하면 좋다. 또 종이카드를 만들어서 4×7, 3×2처럼 곱셈식들을 적은 다음 카드를 한 장씩 뒤집어서 나온 곱셈식의 답을 말하는 게임을 해도 좋다. 무엇보다 아이가 힘들어하지 않고, 구구단을 입으로 술술 외울 수 있게 하는 것이 중요하다.

Chapter 2

학습력과 의욕이
충분해도
배움이 느릴 수 있다

잠시도 가만히 앉아 있지 못하는 아이

인호는 언제나 활발한 아이다. 유치원에 다닐 때는 보육 교사들이 인호가 얼마나 어수선한지 이야기하곤 했다. 초등학교에 입학한 첫 해에는 별다른 문제 없이 지나갔지만, 3학년이 되면서 다른 아이들보다 수학과 국어에서 뒤처지기 시작했다.

쉬는 시간에 인호의 활동량은 다른 아이들을 압도할 정도다. 수업 시간에는 주변에 있는 다른 아이들을 귀찮게 한다. 학습활동에 몇 분도 집중하지 못한다. 운동장에서 인호는 친구들에 비해 '심하게 활동적'이어서 친구들의 공간을 침범하고, 그로 인해 친구들이 자기를 밀어내면 과잉 반응을 보인다. 부모는 잠시도 가만히 앉아 있지 못하는 인호가 너무 활동적이어서 항상 힘들긴 하지만, 다른 아이들과 다르다고 생각하지는 않는다.

*＊＊

어느 집이나 유독 열성적이고, 잘 흥분하고, 언제나 당장 튀어나가는 아이는 있기 마련이다. 가만히 앉아 있지 못하고 산만한 아이는 현재 관련 없는 불필요한 자극들을 걸러내고, 집중하고, 체계화하고, 우선순위를 정하고, 하고 싶은 일들을 뒤로 미루고, 행동하기 전에 생각하는 등 소위 실행력에 문제가 있는 아이다.

이렇게 '과잉 행동'과 '충동성'을 주로 보이는, 잠시도 가만히 앉아 있지 못하는 아이는 자신이 어떻게 행동해야 하는지 알고 있어도 충동을 조절하거나 행동을 제어하는 능력이 결핍되어 배움이 느린 경우가 많다. 아이 스스로 자신의 학습을 방해하는 것이다.

문제의 정도가 심각하고 지속성이 있으면 학령전기 아이의 일상생활, 발달, 자존감 그리고 일반 기능들에 나쁜 영향을 미친다. 더구나 이러한 문제는 학업에서의 성취, 학교생활 적응, 일상적인 가족 규범 준수, 친구와의 지속적인 교제, 가족 구성원과의 긍정적인 상호작용, 부상 방지, 주변 환경 관리 등의 수행을 심각하게 지속적으로 어렵게 한다. 그래서 아이를 가르치는 교사들은 "아이를 다루기가 힘들다"라고 말한다.

부모의 훈육이 부족해서 생기는 문제가 아니다. 다른 아이들에게는 유용한 훈육법도 잠시도 가만히 앉아 있지 못하는 아이에게는 효과가 없을 수 있다. 오히려 아이를 부적절하게 훈육하거나 일관성 없이 통제하면 더 악화될 수 있다.

잠시도 가만히 앉아 있지 못하는 아이는 집이나 유치원, 학교 같은 대부분의 주요 교육 환경에서 스스로의 행동을 통제하는 데 어려움을 느낀다. 아이는 똑같은 동작을 점점 더 빠르게 반복하고, 쉬지 않고 소음을 내고, 자기 차례를 기다리기를 거부하고, 자기 주변에 있는 모든 것에 돌진하여 부딪치는 모습을 보이곤 한다. 잠시도 가만히 앉아 있지 못하는 아이는 가족 관계나 친구들과의 관계에서 자신의 위치, 사회적 기술, 학업 성취, 자존감, 자기 인식의 문제들에 직면하거나 또는 사고로 인한 부상과 같은 위험에 처하기도 한다.

하지만 적절한 도움만 있으면, 아이는 자신의 문제를 효과적으로 대처하는 방법을 배울 수 있다. 부모가 아이의 문제와 사건에만 집중하지 말고 아이가 가진 특별한 강점과 능력에 감사하며, 용기를 북돋우는 것을 잊지 말아야 한다. 그리고 아이와 대화를 지속적으로 해야 한다.

충동적이거나 적대적인 행동 문제

적대적 행동은 가만히 앉아 있지 못하는 아이의 흔한 모습

중 하나로, 아이가 유치원에 들어가면서부터 나타나기 시작한다. 입학 초기에는 아이가 규칙을 따르고 얌전히 앉아 있어야하는 경우가 많은데, 이를 따르지 못하면 교사들이 "말이 많아요", "끊임없이 움직여요", "규칙을 잘 이해하지 못하는 것 같아요"라고 아이를 평가할 수 있다. 교사들은 아이의 충동적인 행동 때문에 다른 아이들과 어울리는 데 문제가 있다고 이야기할 수도 있고, 교실은 물론 실외에서도 통제하기 어렵다고 이야기할 수도 있다.

이런 행동 문제는 아이가 자라면서 감소하지만, 반대로 언어 표현과 관련한 문제가 불거지기도 한다. 아이는 남이 말하는 도중에 자주 끼어들고, 자기 차례가 아닌데도 불쑥 말한다. 교사나 같은 반 친구들로부터 '수다쟁이'라는 말을 듣기도 한다.

잠시도 가만히 앉아 있지 못하는 아이를 둔 부모는 다음과 같이 말한다.

"차분할 때가 전혀 없어요. 식사를 다할 때까지 앉아 있거나 잠자리 준비를 시킬 수가 없어요."

"자꾸만 대화에 끼어들어 방해를 해요. 아이가 방에 같이 있으면 대화를 제대로 나눌 수가 없어요."

"행동하기 전에 먼저 생각하지 않아요. 멈춰서 좌우를 살피기 전에는 길을 건너면 안 되는데, 항상 그래요. 그래서 아이의 안전이 걱정돼요."

"순서를 지키지 않아요."

"같은 반 친구들이 아이를 좋아하지 않아요. 아이는 언제나 어울리고 싶어서 끼어들지만, 아무도 아이를 받아주지 않아요."

특히, 부모는 아이가 유치원이나 학교에 들어가면 아이의 부주의, 활동 수준, 충동성 등이 심하다는 것을 바로 인식한다. 도와준다고 하더라도 아이가 매우 짧은 시간조차 교과서나 학습지에 집중하기 어려워한다는 사실을 빠르게 알아차린다.

어릴 때처럼 매우 활동적이어서 하루가 끝날 때 녹초가 되는 모습, 너무 많은 질문을 하는 모습을 보며 '정상'이 아니라고 의심하기도 한다. 또는 다른 사람의 개인 공간을 존중하거나 다른 사람이 말하는 순서를 기다려주는 일과 같은 사회적인 규칙을 동급생들은 잘 따르고 있는데 아이는 못 지키고 있는 것을 발견하기도 한다.

하지만 부모나 교사가 아이의 행동에 부정적인 반응을 보이면 아이의 자존감이 떨어지고 행동에 문제가 생긴다. 이것은 아이가 규칙을 지키고 부모나 교사를 기쁘게 하려는 노력들을 아예 포기하게 만드는 원인이 될 수 있다.

부모는 아이의 행동들이 정상적인 성장 과정의 일부인지, 엄격하지 못한 가르침 때문인지 그 이유를 정확히 알기는 어렵다. 걱정할 만큼 심각한 문제인지, 자라면서 나아질 문제인지 모른 채 궁금해할 뿐이다.

정도에 따라서 ADHD 진단을 받을 때도 있다. 멈추거나 쉬지 않고 빙글빙글 돌면서 뛰고, 물건이나 사람들과 부딪치고, 쉴 새 없이 질문을 하는 것은 정상적인 아이의 행동이지만, 사람들한테 종종 뛰어들고, 놀이하다가 잘 무너뜨리고, 부딪혀서 자주 다치며, 이야기를 듣거나 게임을 하기 위해 앉아 있으려고 하지 않는다면 ADHD를 의심해볼 수 있다. 집 안을 휘젓고 다니고, 펄쩍펄쩍 뛰거나 가구 위로 과도하게 기어오르고, 먹는 동안이나 이야기를 듣는 동안 가만히 앉아 있지 못하고, 위험한 물건들에 자주 손대고, 하지 말라는 이야기를 자주 듣는다면 ADHD일 가능성이 높다.

학습 문제

잠시도 가만히 앉아 있지 못하는 아이의 행동 문제는 학교에 입학하고 나서 대체로 호전되는 반면, 학습과 관련된 문제는 점차 나빠지는 경우가 많다. 지적 능력과는 별개로 잠시도 가만히 앉아 있지 못하는 아이는 학습 능력이 떨어진다.

아이가 오랜 시간 집중하기 어렵기 때문에, 대부분 숙제를 마치지 못하고, 교사 지시에 적절하게 반응할 기회가 줄어든다. 체계화하기, 계획하기, 순서 정하기 등에 어려움이 있기 때문에 과제를 완성하지 못하고, 노트를 정리하는 요령이 부족하고,

교과 진도를 따라가지 못한다. 또한 시간이 걸리는 숙제를 끝내지 못한다.

과제 수행 능력이 일정하지 못하고 심한 변동을 보이는 경우가 많다. 어떤 일을 하루는 잘하고 다음 날은 잘 못하는 모습을 보이기도 한다. 집에서는 학교에서처럼 교사의 도움을 곧바로 받을 수 없지만 공부에 좀 더 집중할 수는 있다. 반면에 학교에서는 자료를 꺼내고 치우는 등 집중력이 분산되는 학습 외의 활동에 비효율적으로 시간을 소모한다.

과제를 수행하는 데 서툴거나, 일관되지 못한 모습은 학교 생활에 문제가 된다. 큰 장애가 되기도 한다. 잠시도 가만히 앉아 있지 못하는 유형의 ADHD 아이 중 60~80%가 학업 성적에 문제를 보이고, 약 20~40%는 ADHD와는 별도로 읽기 장애, 수학 장애와 같은 학습 장애 또는 표현 언어 장애 등을 동반하기도 한다.

잠시도 가만히 앉아 있지 못하면서 주의가 산만하고 집중력이 낮은 아이는 수업 시간에 잘 집중하지 못한다. 충동적인 아이는 숙제를 후다닥 대충 해치워버리고, 수업 시간에 받은 질문을 충분히 생각하지 않고 건성으로 대답하기도 한다. 시간 관념이 부족한 아이는 시간이 오래 걸리는 숙제, 시간이 정해져 있는 과제나 시험에서 많은 어려움을 겪는다. 그 밖에 미세 운동 조절이 부족해 글씨를 정확하게 쓰지 못하고, 이런 문제로 필기시험, 글쓰기에 어려움을 겪는다. 단기 기억에 문제가 있으면 암기하는 데 어려움을 겪는다.

잠시도 가만히 앉아 있지 못하는
아이의 배움을 도와주려면

긍정적 강화와 칭찬을 하자

긍정적 강화와 칭찬은 아이에게 동기 부여가 될 만큼 강력해야 하며 자주, 다양하게 해야 한다. 예를 들면 과제를 마칠 때마다 혹은 정해진 시간 내에 계획된 일을 마칠 때마다 상이나 점수를 주는 방식을 활용할 수 있다. 과제를 마치면 곧바로 아이가 원하는 활동을 하게 해준다. 아이가 좋아하는 활동과 좋아하지 않는 활동을 서로 번갈아가며 하게 하자. 아이가 과제에 집중하지 않을 때도 잔소리를 하거나 빨리하라고 명령하기보다는 과제에 집중하는 모습에 주의를 기울이고 칭찬해주자.

명확하게 지시하자

아이가 규칙과 명령에 따라 자신의 행동을 조절할 수 있게 하는 첫 번째 단계는 지시를 명확하게 하는 것이다. 부모는 흔히 다양한 방식으로 '부드럽게 이야기'하거나 '모호한 제스처와 어구들을 사용'하여 지시하는 경향이 있다. 또한 반대로 받아들이기 힘든 아이 행동에 대해서 너무 강하게 또는 충동적으로 반응하는 경향이 있다.

잠시도 가만히 앉아 있지 못하는 아이에게 자신의 행동을 통제하는 방법을 가르치기 위해서는, 명확하고 간단하며 감정을 담지 않고 이야기해야 한다. 부모가 아이와 눈을 맞추며 이야기해야 아이가 부모의 말에 집중할 수 있다.

지시할 때는 단호하고 중립적인 말투를 유지하자

만일 아이가 곧바로 행동을 멈추지 않으면, 분명하게 벌칙을 포함한 경고를 한다. 그리고 다시 한 번, 차분하고 부드러운 말투로 가능한 한 적은 단어를 사용해 말한다. 소리를 지르거나 화난 목소리, 혹은 화난 표정은 하지 말아야 한다. 질문 형식보다는 명령 형식으로 지시를 한다. "형을 그만 괴롭히면 안 되겠니?", "형을 괴롭히지 마. 알겠어?"라고 하지 말고, "형을 괴롭히는 것을 그만두어야 해"라고 말하는 게 좋다.

아이가 집중할 수 있는 시간을 알려주자

잠시도 가만히 앉아 있지 못하는 아이는 혼자 집중해서 과제를 할 수 있는 시간이 20분 이내라는 것을 부모가 알아야 한다. 20분이 지나면 아이가 얼마나 했든지 간에 다가가서 그동안 한 것을 칭찬해주고 조금 휴식 시간을 준 다음 다시 해야 할 과제를 지정해주자. 과제를 마치려면 자주 상기시켜주어야 한다. 지시, 설명은 가능한 한 짧고 단순하게 한다. 잠시도 가만히 앉아 있지 못하는 아이는 옆에서 누군가가 격려해주거나 공부에 집중하라고 일깨워줄 때 더 오래 공부할 수 있다.

그리고 집중 시간을 서서히 늘리자. 아이가 집안일이나 숙제, 다른 과제를 할 때 도중에 쉬지 않고 온전히 집중할 수 있는 기준 시간을 잰다. 기준 시간을 잰 후에 타이머를 기준 시간보다 2~3분 더 길게 맞추어놓고 타이머가 울릴 때까지 아이가 집중할 수 있는지 살펴본다.

방해 요소를 줄여주자

아이를 산만하게 만드는 잡다한 자극들은 제거한다. 오후 늦게 TV를 보며 낄낄대는 동생이나 형이 틀어놓은 커다란 음악 소리 등이 아이를 방해하는 요소가 될 수 있다. 그러므로 아이가 과제에 집중하고 효과적으로 끝내기 위해서는 과제를 하는 동안 주변을 조용하게 만들어줄 필요가 있다. 마찬가지로 잠자리에 들 때나 집안일을 할 때도 주변에 방해 요소가 없어야 한다.

끝장을 보지
못하는 아이

6살 영진이는 새로운 것을 시도하기 좋아하는 호기심 많은 유치원생이다. 하지만 영진이는 조금이라도 흥미를 잃거나 어려운 일은 너무 빨리 포기한다. 간단한 집안일이나 유치원 과제뿐만 아니라 비디오 게임이나 운동 같은 놀이 활동조차 쉽게 포기해버린다. 반면 영진이보다 3살 위 누나는 목표한 일을 성취할 때까지 집요하게 물고 늘어지는 편이어서, 영진이의 부모는 누나에 비해 뭐든지 쉽게 포기하는 영진이가 늘 걱정스럽다. 영진이의 부모는 영진이가 끈기 부족으로 인해 소극적인 성격으로 변하거나, 새로운 활동에 마음을 닫아버리지는 않을까 걱정이다. 이미 영진이는 어릴 때보다 상당히 자신감을 잃어버린 것으로 보인다.

***

6세 아이들은 새로운 것에 흥미를 느끼다가도 금방 싫증을 내는 특징을 보인다. 다른 아이가 피아노를 치는 것을 보고 자기도 하겠다고 나서지만 막상 시키면 금방 안 하겠다고 한다. 또 도복을 입고 다니는 친구가 멋있다며 태권도를 하겠다고 조르지만 이 역시 오래 못 간다. 학령전기에 받는 피아노, 태권도, 미술 등 교육 대부분은 반복 학습을 해야 하는 것들이다.

배운 것을 지루할 만큼 반복해서 익혀야 실력이 는다. 그러나 끝장을 보지 못하는 아이는 처음에 반짝 호기심을 갖다가도 배우는 과정에서 쉽게 지루함을 느낀다. 초등학생 정도만 돼도 이 지루함을 참고 견딜 수 있지만 학령전기 아이들은 끈기를 발휘하는 데 어려움을 느낀다.

필요한 능력: 목표 집중력

아이가 끈기를 제대로 발휘하는 데 있어 가장 중요한 요소는 일에 대한 흥미와 성취 동기다. 숙제를 잘 챙기지 못하는 아이라도 친구와 하기로 한 닌텐도 게임기는 빠뜨리지 않고 매번 잘 챙긴다. 그리고 방과 후에 피아노 학원에 가는 일을 깜박하는 아이라도 방과 후 마트에 가서 새로 나온 장난감 로봇을 사기로 한 약속은 기억한다. 아이는 충분한 동기가 주어질 때 목표 집중력을 더 잘 발휘한다. 이런 사실을 깨닫는다면 부모는 아이가 평소에는 잘 발휘하지 못하는 목표 집중력이 필요한 과제를 할 때, 끝까지 해낼 수 있게 동기가 될 만한 요소를 찾아주는 것도 좋은 방법이다.

목표 집중력이란 목표를 설정하고 다른 관심사에 한눈팔지 않고 목표를 향해 꾸준히 나아가는 능력을 말한다. 우리는 장기 목표를 이루기 위해 노력할 때마다 목표 집중력을 발휘하고 있는 셈이다. 아이가 태권도 승단을 위해 6개월 동안 꾸준히 연습했다면 그 아이는 목표 집중력이 뛰어나다고 할 수 있다. 또 아이가 좋아하는 동요를 피아노로 연주하고 싶어서 스스로 시간을 내서 피아노 연습을 한다면, 그 역시 목표 집중력이 좋다고 할 수 있다.

목표 집중력은 마지막에 성장하는 실행 기능 중 하나다. 특별히 의식해서 하지는 않았을지라도, 부모는 아이가 제법 어릴 때부터 목표 집중력을 북돋우고 발달시키고자 노력했을 것이다. 예를 들면, 아이가 걸음마를 연습하는 시기에 퍼즐 맞추기를 도와줬거나 6세 시기에 자전거 타는 법을 가르쳐줬을 수 있다. 부모는 그 일이 조금 힘들더라도 열심히 해보라고 아이를 부드럽게 이끌어주면서 아이의 목표 집중력을 길러주었을 것이다. 그리고 아이가 시간과 연습, 노력을 들여 새로운 기술을 완전히 익힌 것에 감탄해주었을 때, 또 아이가 어려움을 잘 참

고 극복한 것을 칭찬해주었을 때도 아이는 목표 집중력의 중요
성을 배웠을 것이다.

아이는 스포츠나 악기 배우기 등을 통해 끈기의 중요성을
배울 뿐만 아니라, 집안일 같은 작은 과제들을 해내는 과정에서
꾸준함을 익힐 수 있다. 집안일을 시킬 때는 처음에는 짧고, 좁
은 공간에서 할 수 있는 일부터 시작해서 아이가 자랄수록 시
간이 조금 더 걸리고 넓은 공간에서 할 수 있는 일을 시키는 것
이 좋다.

목표 집중력을 높이는 원칙

8살 은미는 매일 아침 등교 준비를 할 때마다 어려움을
겪는다. 옷 하나 입는 데도 느릿느릿 시간 가는 줄 모르
고, 밥알을 세듯 꾸물거리며 아침밥을 먹고, 양치질을 하
거나 머리를 빗을 때는 움직임을 멈추고 멍하니 TV에 빠
진다. 엄마는 아침마다 늑장을 부리는 은미에게 소리를
지른다. "은미야! 신발 어디 있니?" "세수해야지. 은미야!"
"얼른 가방을 가져와야 도시락을 챙겨 넣지." 엄마는 매
일같이 은미에게 이런 말을 반복하는 것이 지긋지긋하지
만, 이렇게 하지 않으면 은미가 지각할 것을 알기 때문에

달리 뾰족한 수가 없다.

***

아이가 해야 할 과제를 하지 않을 때 부모는 목표 집중력을 잘 발휘할 수 있도록 직접 도와줄 수 있다. 해야 할 과제를 구체적으로 가르치거나 혹은 아이가 갖고는 있지만 제대로 쓸 줄 모르는 목표 집중력을 사용하도록 동기 부여하는 것이다. 부모는 아이가 걸음마를 시작하는 시기부터 점점 성장해가는 동안 아이의 행동이나 말에 반응하는 방법으로 자연스럽고 자유롭게 목표 집중력을 키워줄 수 있다.

연구에 따르면 부모가 3세부터 언어적 도움을 준 아이는 6세가 되었을 때 도움을 받지 못한 아이들에 비해 문제 해결력과 목표 집중력 발달에서 더 좋은 결과를 보인다고 한다. 특히, 말로 도와주는 방법은 간단하면서도 매우 즉각적인 효과가 나타나기 때문에, 부모가 어린아이에게 본능적으로 가장 많이 쓰는 방법이다.

부모가 함께 책을 읽으며 동물 이름을 말해주고 아이가 해당 동물을 정확하게 짚으며 자랑스러운 표정을 지을 때, 아이에게 나이를 물었을 때 정확하게 나이에 해당하는 수만큼 손가락을 펼 때, 부모는 언어적 도우미 역할이 제대로 효과를 보고 있다는 사실을 깨닫고 그 방법을 계속 써나간다.

목표 집중력은 동기 부여를 통해서도 키울 수 있다. 연구에 따르면 하기 싫은 일을 마치고 나서 기대하던 것을 얻으면 목표 집중력이 향상된다고 한다. 보상은 해야 할 일에 대한 부정적인 생각이나 감정들을 이겨낼 수 있게 해주고, 긍정적인 행동에 날개를 달아준다.

보상에 대한 계획을 세우기 위해서는 먼저 순서를 정해야 하는데, 순서를 정할 때는 반드시 좋아하지 않는 일을 좋아하는 일 앞에 두어야 한다. 보상을 주는 방법은 목표 행동을 했을 때 포인트를 주고, 일정 포인트가 쌓이면 아이가 갖고 싶어 하는 것을 상으로 주는 것이다. 큰 보상을 얻기 위해서는 더 많은 포인트를 쌓아야만 한다.

아이들이 선택할 수 있는 보상 목록에는 한 주 또는 한 달 정도 실행했을 때 얻을 수 있는 크고 비싼 보상과 하루 만에 얻을 수 있는 작고 덜 비싼 보상이 모두 포함되어야 한다. 보상은 아이가 좋아하는 음식이나 그다지 비싸지 않은 장난감처럼 물질적 보상일 수도 있고 부모나 교사, 친구들과 게임을 할 수 있는 기회와 같은 활동적 보상일 수도 있다. 때로는 그때그때 상황에 맞는 보상이 필요할 수도 있다. 과제를 마친 다음에 가장 좋아하는 TV 프로그램을 시청하거나 친구와 전화 통화를 하는 등의 특권을 주는 방식이 여기에 해당된다.

그러나 이러한 보상 시스템은 일회성으로 끝나면 효과를 발휘하기 어렵다. 무엇보다도 아이는 부모와의 계약에서는 작은 허술함도 귀신같이 잘 찾아내기 때문이다. 가령 이렇게 말할 수도 있다. "엄마가 5시 30분까지 숙제를 끝내야 한다고만 했지, 숙제를 '똑바로 잘' 해내야 한다고는 하지 않았잖아요!" 이런 부분을 감안하여 행동 계약서를 꼼꼼하게 쓰되, 원하는 효과를 보기 위해서 계약서의 규칙이나 선택 가능한 구체적 보상들을 조금씩 고치는 것은 충분히 가능하다.

식사 준비나 다른 집안일, 심부름 등을 게임 방식에 적용해도 아이는 그 시간을 즐겁게 보낸다. 내적 보상인 셈이다. 특히 피아노, 태권도, 미술 등은 아이가 금방 그만두면서도 무엇을 하든 칭찬을 받고 싶어 하는 학습활동이다. 부모는 아이가 새로운 걸 배우는 과정 자체를 좋아하는지, 그것을 통해 인정받기만을 원하는지 잘 살펴봐야 한다. 아이가 호기심이 많아 이것저것 해보고 싶은 게 아니라 오직 칭찬을 받고 싶어 하는 것일 수도 있기 때문이다.

그러므로 아이에게 아무것이나 무작정 시키지 말고 아이가 좋아하는 것을 시키는 것이 좋다. 좋아하지 않는 일을 억지로 시키면 점차 "우리 아이는 무엇을 배우든 쉽게 그만둬요"라는 말을 반복하게 될 것이다. 아이가 흥미를 가지는 것이 있다면 격려해주고, 거기에서 아이디어를 얻어 점차 다른 것을 접목해가는 지혜가 필요하다.

끝장을 보지 못하는
아이의 배움을 도와주려면

눈에 보이는 단기 목표부터 세우게 하자

아이가 과제 마치는 것을 도와주고 그 과제를 해냈을 때 칭찬해준다. 예를 들어 아이가 퍼즐 맞추기를 할 때, 처음에는 커다란 조각 몇 개부터 시작하고 점차 조각 개수를 늘린다. 도중에 막힐 때마다 아이에게 필요한 조각과 그 조각이 들어가야 할 자리를 손가락으로 짚어줌으로써 아이가 조각을 완성할 수 있게 도와준다.

장기 목표를 달성할 때는 아이가 원하는 것부터 하게 하자

아이는 장난감을 정리하기보다는 복잡한 레고를 조립하는 일에 더 끈기를 발휘할 것이다. 아이에게 작은 지시나 힌트를 주거나 아이가 해낼 수 있을 정도로만 도와준다. 그런 후에 아이가 집중해서 끝까지 해낸 것을 격려하고 칭찬한다.

목표와 집안일을 마쳤을 때 보상을 주자

아이가 장난감을 사기 위해 돈을 모으고 있다면 침대 머리맡이나 냉장고 문에 그 장난감 사진을 붙인다. 대부분 시각적 지시는 언어적 지시보다 훨씬 효과가 있다. 반대로 언어적 지시는 아이가 잔소리로 받아들이기 쉽다. 시각적 지시를 통해 아이는 집안일처럼 다소 재미없는 일도 끈기를 갖고 해낼 수 있게 된다. 아이의 체력이 충분하지 못하다면 집안일의 일부만 끝내게 하고, 보상을 준다.

목표를 달성하는 데 걸리는 시간을 점차 늘리자

처음에는 몇 분 또는 1시간 안에 마칠 수 있는 목표부터 시작하는 것이 좋다. 목표 달성에 걸리는 시간의 양을 서서히 늘려간다면 결국 아이는 목표를 달성하거나 보상을 얻기 위해 더 오랫동안 그 일에 매진할 수 있다. 또한 아이가 몇 분 또는 며칠 동안 만족감을 뒤로 미루는 만족지연을 배우기 위해서는, 목표를 달성하는 동안 부모가 명확하고 구체적인 피드백을 할 필요가 있다. 통 안에 동전을 담아주거나 한 과정을 마칠 때마다 게시판에 칭찬 스티커를 붙이거나 그림을 한 구역씩 색칠하거나 하는 방식 등으로 진행 과정을 구체적으로 보여줄 수 있다.

고비를 잘 넘길 수 있도록 도와주자

아이가 잘하던 것을 어렵다며 그만두려고 할 때는 곧바로 그 요구를 들어주기보다는 고비를 잘 넘길 수 있도록 도와주어야 한다. 계속 격려해주면서 진도를 늦추거나 잠깐 쉬게 하는 등 세심히 배려하는 것이 중요하다. 어려운 고비를 잘 넘긴 경험은 아이가 다른 일을 할 때 자신감을 갖게 하는 약이 된다.

필요하면 개입하자

아이에게 부족한 것이 무엇인지 구체적으로 따지고, 그것을 채워줘도 별반 나아지지 않는다면 무엇인가를 배우다 도중에 그만두는 행동을 못하게 할 필요가 있다. 학습 자체에 재미를 느끼지 못하고 오로지 칭찬을 받기 위해 배운다면, 아이의 자연스러운 학습 발달이 이루어지지 않기 때문이다.

하기 싫은 일을 끝까지 미루는 아이

민수는 이따금씩 시간관념이 없어진다. 특히 급한 상황에 대한 인식이 부족하다. 그 때문에 문제들이 생기는데, 가장 큰 문제는 외출 준비다. 놀이공원처럼 민수가 좋아하는 곳을 갈 때도 굼뜨기는 마찬가지다. 의사에게 진료를 받으러 가는 상황처럼 목적지가 민수가 가고 싶지 않은 곳이면 데리고 나가는 일이 몇 배나 더 어렵다. 민수를 어떻게든 움직이게 하려고 끊임없이 지시하고 잔소리를 해야 하는 일이 반복되자 가족들은 점점 더 지쳐간다. 민수는 학교 공부에 어려움을 느끼거나 무엇인가를 배우는데는 전혀 문제가 없지만, 종종 과제를 늦게까지 한다.

***

하기 싫은 일을 끝까지 미루는 아이가 가장 많이 하는 행동이 안다고 하면서 자꾸 미루고, 안다고 하면서 바꾸지 못하는 것이다. 이것이 공부에 악영향을 미친다. 하기 싫은 일을 끝까지 미루는 아이를 책상 앞에 앉히려면 소리를 질러야 한다. 부모는 속이 티질 지경인데, 아이는 "한다고 했는데 왜 화를 내세요?"라고 대꾸한다. 아이가 알아서 하겠다고 하면 부모는 속으로 '네가 알긴 뭘 알아?'라고 생각한다.

초등학교 때까지는 부모가 아이의 끝까지 미루는 행동을 도와줄 필요가 있다. 공부를 한다면서 게으름을 피우면, "일어나" 하면서 아이의 겨드랑이에 손을 넣어 기분 좋게 일으켜 세운 다음 엉덩이를 토닥토닥해주면서 책상 앞에 앉혀야 한다. 어깨도 주물러주면서 "아유 예쁘다. 시작!"이라고 말해줘도 된다.

학교에서 알림장을 적어오지 않았을 때 부모가 알림장 내용을 알아내 아이에게 받아 적으라고 하면 귀찮다고 느낄 수 있다. 그때 "네가 학교에서 해왔으면 지금은 놀고 있을 텐데"라고 안타까운 듯 말해주자. 끝까지 미루는 아이는 책가방을 챙기는 것도 한다고 하면서 못한다. 부모가 팔짱을 끼고 아이에게 책가방을 던지며 "야, 책가방 안 싸?"라고 소리 지르면 아이의 기분만 상하고, 서로 관계만 나빠질 뿐이다. 그보다는 "가방 싸는 거 같이 할까?"라고 상냥하게 말하자. 같이 하는 것이지 절대 대신해줘서는 안 된다.

필요한 능력: 시간 관리

시간 관리란 남은 시간이 얼마이며, 남은 시간을 어떻게 나누어야 정해진 시간 안에 일을 마칠 수 있는지 정확히 예측하는 능력을 말한다. 이는 시간의 중요성을 인식하는 능력과도 연관된다.

부모는 아이가 스스로 시간을 관리할 수 없다는 사실을 알고 있다. 그래서 부모들 대부분은 아이의 시간 관리를 대신해준다. 예를 들면 아이에게 어린이집이나 학교에 갈 준비를 하라는 지시와 함께 준비할 시간을 충분히 주거나, 잠자리에 들기 전에 그림책 한 권을 읽으려면 언제부터 잘 준비를 해야 할지를 일러준다. 또는 특별한 모임이나 활동이 예정되어 있을 때, 부모는 아이가 늦지 않도록 미리 준비하는 데 걸리는 시간을 예상하고 해야 할 일을 지시한다. 아이가 준비하는 속도가 어른과는 다르다는 사실을 인식하고 거기에 맞춰서 계획하고 적절히 재촉하는 것이다.

하지만 아이가 자라면 서서히 시간 관리하는 일을 아이의 몫으로 넘겨야 한다. 일단 시계를 볼 줄 아는 나이가 되면, 아이에게 시계를 보며 시간을 체크하라고 일러주고는 아이 스스로 해나가도록 해야 한다. 운동 연습이나 좋아하는 TV 프로그램을 시청하는 요일처럼 예측할 수 있는 날이 특정된 경우라면, 부모는 아이가 그 시간에 맞추어 시간을 계획하도록 도울 수 있다.

좋아하는 활동을 하기 전에 먼저 숙제나 집안일부터 마치게 하는 것도 아이의 시간 관리 능력을 기르는 방법이 될 수 있다.

학령전기

▷   놀이할 때 다른 아이들에게 지시를 내리거나 놀이에
상상력을 더할 수 있다.

▷   갖고 싶은 물건 때문에 친구와 마찰이 생길 때 이를 해결하기
위한 도움을 주변 사람에게 요청할 수 있다.

▷   간단한 목표를 성취하기 위해 해결 방법을 하나 이상
시도할 수 있다.

초등학교 저학년 시기

▷   원하는 목표를 성취하기 위해 다소 어려운 과제에 집중할 수 있다.

▷   방해를 받아도 다시 과제에 집중할 수 있다.

▷   원하는 일을 몇 시간 혹은 며칠에 걸쳐 끝낼 수 있다.

목표 설정의 원칙

부모는 아이가 공부할 때 일정한 계획을 세워줘야 한다. 처음에는 공부가 하기 싫어서 게을러지는 아이에게 적은 양부터

해보라고 권하고, 그것을 잘 마치면 칭찬 스티커나 포인트를 주자. 그리고 점차 아이가 해야 할 공부 양을 단계적으로 늘려가면, 아이는 더 쉽게 칭찬 스티커나 포인트를 얻을 수 있다.

이 과정을 한 달 정도 시행하면 아이는 보상을 얻기 위해 다른 과목까지 공부를 시작한다. 이후 부모는 아이가 공부나 활동에서 어려움을 겪을 때마다 노력과 집중력을 길러주기 위해 작은 목표를 설정하고 단계적으로 늘려가는 전략을 활용할 수 있다.

목표는 수행의 기준을 마련하는 것으로, 목표가 있는 사람의 수행 결과가 더 좋다. 마라톤에 나간다고 생각해보자. 목표가 없는 사람보다 지난번 자신의 기록에서 2분을 단축하겠다는 목표를 가진 사람이 훈련 계획도 세세하게 세울 수 있고, 자신의 강점이나 약점도 명확히 파악해 보완할 수 있다. 결국 최종적인 수행에서 목표 없이 무턱대고 열심히 한 사람보다 좋은 결과를 얻게 된다.

좋은 목표를 세우기 위해 첫 번째로 할 일은 목표를 구체적이고 분명하게 정의하는 것이다. 아이가 원하는 것을 모호한 말로 표현하기보다는 간결하고 명료하게 적어보자. '독서 많이 하기'보다는 '하루에 독서 30분 하기'라고 하는 것이 더 명확하고 구체적이다. 이처럼 목표는 측정이 가능하도록 기술한다. '하루에 독서 30분 하기'라는 목표는 하루 24시간이라는 제한된 시간 동안 30분이라는 분량을 구체적으로 명시함으로써 실제로 독서를 그 시간만큼 했는지 아니면 그보다 적게 했는지 잴 수 있다.

목표는 행동적 언어로 기술해야 한다. '공부를 열심히 하기'가 아니라 '하루에 수학 문제집을 한두 장씩 풀기', '매주 토요일 아침마다 영어 듣기를 30분씩 하기', '하루에 한자를 하나씩 외우기' 등 원하는 목표를 달성하기 위한 실행 방법을 명확히 기술하는 것이 좋다.

또한, 목표는 현실적이어야 한다. 예를 들어, 지난번 받아쓰기에서 40점을 받은 아이가 이번 받아쓰기에서 90점 이상을 받겠다는 목표는 실현되기가 어렵다. 아이의 현재 점수를 기준으로 1개월간 노력해서 얻을 수 있는 점수가 몇 점인지 생각한 다음 목표를 세워야 한다. 그 점수를 얻기 위해 노력을 얼마만큼 해야 할지 판단해야 한다.

목표는 달성 여부를 평가할 수 있도록 시간, 기한을 정해야 한다. '하루 30분 독서하기'를 목표로 정했다면, 언제까지 달성할 것인지 분명히 해야 그에 따른 실천 계획을 세울 수 있다. 목표에 부합해 세운 계획을 따를 때 실제로 그 목표를 달성할 확률도 높다. 목표는 구체적이고 측정 가능한 행동 중심의 언어로 서술했을 때, 현실적으로 정해진 시간 안에 달성할 수 있는 기준을 설정했을 때 성공적으로 해낼 수 있다.

하기 싫은 일을 끝까지 미루는
아이의 배움을 도와주려면

목표를 정하고 시작하게 하자

예를 들어 '불평하지 않고 숙제하기', '부모의 지시 없이도 숙제를 제시간에 마치기', '잠자리에 들기 전에 학교 준비물 챙기기' 등의 목표를 정하자. 부모는 처음에 아이가 목표를 정하고 시작했을 때 시간을 체크한다. 두 번 정도 지켜보며 아이가 그 목표를 수행하는 데 걸리는 시간을 측정하여 결과를 토대로 시간을 다시 정하자.

구체적인 단계를 알려주자

책가방을 싸는 경우라면 아이에게 "가장 먼저 무엇을 해야 할까?"라고 물어보자. 아이가 가만히 있으면, "일단 가방을 열어야 해. 그리고 한번 살펴봐"라고 한 다음 아이가 부모 말대로 행동하면, "잘했어. 내일 필요 없는 물건은 꺼내고 필요한 물건은 가방에 넣어야 하는데, 그러려면 뭘 봐야 할까? 내일 무슨 수업이 있는지 알려면 뭘 봐야 하지?"라고 묻는다. 아이가 "시간표를 봐야 해요"라고 대답하면, "그래. 시간표를 한번 확인해"라고 한다.

시각적 자료를 활용하자

아이는 그림과 글을 사용해서 일정을 짜는 과정에도 무척 흥미를 느끼는데, 특히 일어나거나 식사하거나 이를 닦거나 하는 등 각각의 단계를 연구하는 일을 재미있어한다. 부모는 일정을 기본적으로 아이가 결정하도록 해야 한다. 또 흥미를 유도할 수 있게 일정을 붙였다 떼었다 하는 그림판으로 만들고 아이가 직접 수월하게 바꿀 수 있게 한다. 목표를 달성하면 해당 일정을 떼어 '했음'이라고 적힌 주머니 안에 넣도록 해도 좋다. 주머니는 일정표 아래에 붙여둔다.

보상과 칭찬을 하자

부모가 종종 요구하는 일은 배움이 느린 아이에게 너무나 힘든 일이라는 사실을 명심하자. 아이가 느끼는 부담이 큰 반면 보상이 보잘것없다면 아이는 그 일을 하지 않으려고 안간힘을 쓸 것이다. 칭찬은 아이에게 효과적이다. 바람직한 행동을 했을 때 곧바로 구체적으로 칭찬해주자. 또한 아이가 한 일의 중요성을 아이에게 알려주고 일을 해내기 위해 노력한 점을 인정해주자.

필요하면 타협하자

아이가 할 일을 미루고, 목표를 설정하는 것을 거부할 수 있다. 그때는 아이가 거부할 수 없는 논리적이고 자연스러운 결과를 유도해야 한다. 아이가 부모에게 무언가를 요청할 때 원하는 것을 들어주는 조건으로 아이의 참여를 유도할 수 있다. 예를 들면 "장난감을 정리하면 친구와 놀 수 있도록 놀이터에 데려다 줄게"라고 말한다.

지시와 감독의 빈도를 서서히 줄이자

부모는 처음에 아이가 해야 할 숙제를 알려주고 숙제를 모두 마칠 동안 가르쳐준 방법으로 하라고 지시하자. 지시를 따라 전체 과정을 제대로 하는지 관찰하고 숙제를 완료했을 때 체크하라고 지시한다. 이것이 잘 이루어지면 다음부터는 숙제를 하라고 일러주되, 완료했을 때 체크하라고 지시하지는 말자. 이 단계가 이루어진다면 아이는 부모의 지시가 없어도 스스로 숙제를 하는 단계로 넘어갈 수 있다.

시작부터
헤매는 아이

초등학교 2학년 지윤이는 활동적이고 명랑한 아이다. 이웃에는 지윤이 또래의 아이가 한 명도 없어서 지윤이가 학교 밖에서 친구들과 놀고 싶으면 멀리 떨어진 곳에 사는 친구들이 집으로 놀러 오든지 지윤이가 놀러 가야만 한다. 엄마는 다른 할 일들이 없을 때는 기꺼이 지윤이를 친구네 집까지 데려다줬다. 하지만 지윤이는 친구 집에 놀러 가기 전에 미리 친구들에게 다른 계획이 있는지 혹은 엄마가 자신을 데려다줄 수 있는지 등을 전혀 확인하지 않았다.

결국 지윤이가 주말 아침에 일어나서 친구 집에 가기로 마음먹어도 친구들이 바쁘거나 또는 엄마가 다른 할 일이 있어서 지윤이를 데려다주지 못하는 경우가 많아졌다. 그때마다 지윤이는 할 일이 없다고 투덜대면서 침울한 표정으로 집 안을 서성거렸다. 월요일마다 학교에 가면 친구들은 주말에 한 일을 신나게 이야기했고, 지윤이는 외톨이가 된 기분이 들었다. 엄마는 지윤이에게 미리 계획을 세우라고 귀가 따갑도록 이야기했고, 지윤이도 엄마의 말에 동의하긴 했지만 대개는 곧 잊어버렸다.

***

친구들, 엄마의 일정을 고려해서 지윤이가 미리 주말 계획을 세웠다면 친구들과 놀지 못하는 일도, 할 일이 없다고 투덜대거나 외톨이가 된 기분을 느끼는 일도 없었을 것이다. 그리고 지윤이와 같은 아이가 친구들 사이에서 적극적으로 모임을 계획하고 주도하는 역할을 하려면 결과를 예측해서 계획하는 훈련이 가정에서 이루어져야 한다.

필요한 능력: 결과 예측 능력

결과 예측 능력은 시도하려는 일의 결과를 미리 예측하는 능력이다. 장난감 블록으로 성을 만들기 전에 완성된 모습을 머릿속에 그려보는 것, 교사가 질문했을 때 손을 들기 전에 답을 추론하는 것, 새 옷을 입었을 때 친구들의 반응을 예상하는 것 모두 결과 예측 능력에 해당한다.

아이들은 받아쓰기 점수가 나쁘다는 결과를 부모에게 이야기할 때 부모의 반응을 예측할 수 있으며, 부모의 반응을 예측함으로써 말하기 적절한 시간이나 상황을 선택할 수 있다. 예술가는 자신이 만드는 작품의 완성된 모습을 '감으로' 느낀다. 결과 예측 능력은 그와 같이 사회적 상호작용, 학업, 행동 등 여러 부분에 영향을 미치는 중요한 능력이다

학습에서도 중요한 것이 결과 예측 능력이다. 결과를 예측할 수 있어야 대비하고, 잘못된 방향으로 갔을 때 수정할 수 있다. 시험에 대비해 계획을 세우는 것, 숙제를 하는 것도 결과 예측 능력이다. 그래서 '좀 더 해야겠다', '빨리 해야겠다', '준비가 더 필요하겠다'라는 생각을 하게 된다. 이러한 결과 예측 능력이 잘 발달된 사람들도 있지만 결과를 생각하지 않고 무턱대고 저질러버리는 아이들도 있다.

계획하기와 우선순위 정하기

결과 예측 능력이 잘 작동하면 아이는 계획하기와 우선순위 정하기를 할 수 있다. 과제를 할 때 선택 가능한 안들을 신중히 검토할 수 있다. "이걸 하는 데 가장 좋은 방법은 무엇일까?" "내가 선택할 수 있는 것들은 무엇이 있을까?" "이 방법으로 안 될 경우에는 또 어떤 방법이 있을까?" 문제 해결을 위한 이런

질문들은 계획하기와 우선순위 정하기로 이어진다.

결과 예측 능력이 좋으면 어떤 일이든 즉흥적으로 대응하지 않고 잠시 미루었다가 가능한 대안들을 검토해본 다음에 행동에 들어간다. 그런데 시작부터 헤매는 아이는 대체로 머릿속에 생각이 떠오르면 곧바로 행동으로 옮긴다. 의사 결정 속도를 늦추거나 자신의 가치 기준에 비추어 곰곰이 생각하고 선택안들을 검토하는 것, 한마디로 현명한 판단을 위한 신중한 결과 예측 과정이 생략된 것이다. 시작부터 헤매는 아이는 대안을 검토한 다음 최선책을 고르고, 그 방법이 잘못될 경우를 대비해 한두 가지 대안을 차선책으로 마련해둘 줄 모른다.

계획하기와 우선순위 정하기는 목표를 달성하거나 주어진 일을 수행하기 위한 로드맵을 만드는 동시에, 가장 중요한 것이 무엇인지 결정한다. 이런 능력은 우리가 식사를 준비하는 것과 같은 일상적인 일을 할 때, 학교에서 새로운 프로젝트를 시작하거나 자신의 성적을 올리는 계획을 세운다거나 하는 장기 과제를 할 때 필요하다.

계획하기와 우선순위 정하기
능력을 길러주려면

아이가 방 정리를 해야 하거나 여행을 가기 위해 가방을 싸야 하거나 방학에 해야 할 일을 준비해야 할 때 옆에서 할 일을 몇 단계로 나누어 계획하고 아이에게 각각의 단계를 따르도록 지시한다. 현명한 부모라면 무엇인가를 계획할 때 목록이나 체크리스트를 작성하는 모습을 아이에게 직접 보여줌으로써 아이가 자연스럽게 그 과정을 따라 하게 한다.

계획하는 능력, 우선순위 정하는 능력은 자연스럽게 길러지지 않는다. 만약 아이가 알아서 하도록 부모가 내버려둔다면, 아이는 마지막 순간까지 해야 할 일을 미룰 것이다. 아이가 큰 과제를 할 때는 작은 과제들로 쪼개어주고, 일정표를 만들어 작은 과제들에 각각의 마감일을 정하게 도와주자. 마감일에 맞춰 작은 과제들을 순차적으로 해내는 것이 바로 계획하기의 본질이다.

부모는 아이가 어릴 때부터 중요한 일이 무엇인지 아이 대신 결정해주고, 가장 중요한 일부터 먼저 하라고 지시를 내린다. 예를 들면 TV 시청보다 숙제를 우선순위에 두는 경우인데, 이런 일을 제외해도 대부분의 부모는 아이에게 우선순위 결정 능력을 길러주기보다는 부모의 개인적 가치관에 따라 아이에게 얼마만큼 선택의 자유를 줄 것인지를 직접 결정해버린다.

물론 계획 없이 자란 아이는 정작 중요한 일을 미룬 채 시간을 헛되이 흘려보낼 수 있다. 하지만 가정에서 아이의 성취를 돕고, 꿈과 희망을 길러주는 것은 중요하며 꼭 필요한 일이다. 부모의 개인적 가치관에 아이가 선택하게 하기보다 아이 스스로 선택하는 힘을 길러주어야 한다.

학령전기

▷ 하나의 과제나 활동을 끝내고 다른 일을 시작할 수 있다.

▷ 다른 사람이 세운 계획이나 간단한 절차를 다룰 수 있다.

▷ 하나 이상의 과정으로 이루어진 간단한 미술 활동을 해낼 수 있다.

초등학교 저학년 시기

▷ 두세 과정으로 이루어진 미술 활동을 해낼 수 있다.

▷ 가격 부담이 적은 장난감을 사기 위해 돈을 벌거나 모을 수 있다.

▷ 주변의 도움으로 두세 과정으로 이루어진 숙제를 해낼 수 있다
(예. 독서 감상문 쓰기).

시작부터 헤매는 아이의
배움을 도와주려면

계획을 함께 세우자

"함께 계획을 세워보자"라고 말하고 그 과정을 종이에 적는다. 혹은 체크리스트를 만들어 아이가 각각의 단계를 마칠 때마다 빈칸을 체크할 수 있게 한다. 그리고 가능한 한 아이를 계획 과정에 참여시킨다. 일단 부모가 어느 정도 시범한 다음 "무얼 먼

저 해야 할까? 그리고 다음에는 무엇을 해야 할까?"라고 아이에게 질문을 하고, 아이가 대답하면 각각의 단계를 종이에 적는다.

처음에는 아이가 좋아하는 일을 계획하게 하자

아이의 계획 능력은 좋아하는 일을 계획할 때 단기간에 효과를 볼 수 있다. 아이는 자기 방 청소 계획을 세우는 것보다 장난감 만들기 계획을 세우는 데 훨씬 적극적으로 참여한다. 공부에 있어서도 마찬가지다. 숙제를 할 때 아이가 좋아하는 과목부터 시작하는 것이 좋다. 국어와 수학 중 국어를 더 좋아한다면 국어 숙제부터 먼저 하게 하자.

아이에게 무엇부터 할지 물어보자

일상에서 먼저 무엇을 해야 할지 물어보는 과정을 통해 아이의 우선순위를 정하는 능력을 길러준다. "오늘 할 일 중에서 가장 중요한 게 뭐지?"라는 질문으로 아이가 좋아하는 활동을 접어두고 중요한 일부터 먼저 마치게 한다. 예를 들어 "숙제를 마쳐야 TV를 볼 수 있어" 또는 "책가방을 다 챙기고 나서 비디오 게임을 해" 등의 지시를 내릴 수 있다.

긍정적인 언어로 지시하고 감독하자

계획을 시작하기 전에 먼저 아이가 일을 시작하고 마무리하는 능력이 갖추어졌는지를 확인한다. 실패한다면 아이가 제대로 계획을 시작할 수 있도록 계속 지시하고 감독할 필요가 있다. 아이에게 지시하고 감독할 때는 비난과 비판보다는 긍정적인 언어로 해야 한다. "네가 이렇게 하는 것이 문제야"라고 하기보다는 "이렇게 하는 것이 좋아. 이렇게 해보자" 또는 "너 이거 잘하잖아. 이것을 잘하면 저것도 잘할 수 있어"라고 말해주는 것이 좋다.

활동으로 계획하기와 우선순위 정하기 능력을 키워주자

학교에서 이루어지는 여러 프로젝트에 참여하게 하자. 친구들과 같이 프로젝트를 하면서 계획하기와 우선순위 정하기 능력을 자연스럽게 키울 수 있다. 가정에서 이루어지는 주말 활동도 아이의 사회성을 높이고 계획하기와 우선순위 정하기 능력을 길러줄 수 있다. 주말 여행 계획을 짤 때 아이가 주도하게 하면 계획하기와 우선순위 정하기를 경험할 수 있다.

아이를 통제하기보다는 존중하자

부모는 종종 아이를 통제하기 위해 극단적이고 강력한 결과 예측을 한다. 그것은 존중이 결여된 행동이다. 아무리 옳은 방향이라도 과하게 힘을 써서 끌어당기는 행동은 존중이 없는 것이다. 어린아이는 약자이기 때문에 자신에게 중요한 존재인 부모가 겁을 주면, 그대로 겁을 먹는다. "너 이렇게 하면 학교 가서 선생님한테 혼난다", "너 큰일 나" 등 부모의 부정적인 결과 예측은 부모가 의도한 방향으로 아이를 이해시키는 것이 아니라 부정적인 생각으로 이끌 뿐이다.

한 가지 일에 몰입하지 못하는 아이

초등학교 2학년 소유는 학교 다니는 것이 괴롭다. 다른 아이들은 스스로 공부하는데 소유에게는 도무지 그 일이 무리다. 하지만 비록 주어진 학습량을 늘 다 하지는 못해도 수업 내용을 이해할 만큼 충분히 영리하다.

소유는 수업 시간만 빼면 모든 걸 잘 해내고 친구들이 어려워하는 내용은 나서서 도와주기도 한다. 그런데 자기 공부를 할 때는 어떻게 해야 할지 전혀 감을 잡지 못하는 것이다. 집에서 공부를 시작하면 10분에서 15분이 채 지나기도 전에 TV 앞에 앉아서 재미있는 프로그램이 나올 때까지 채널을 돌린다.

***

주의 집중력이란 방해 요소들이 있어도 상황이나 과제에

집중할 수 있는 능력을 뜻한다. 주의 집중력이 있는 아이는 언제든지 주변의 방해 요소들을 차단하고 학교에서는 학습에, 가정에서는 숙제에 집중할 수 있다. 방해 요소를 피할 수 없는 상황에서도 가능한 한 빨리 원래 하던 일로 돌아갈 수 있다. 반면 주의 집중력이 약한 아이는 이 일을 하다 저 일을 하기도 하고, 첫 번째 일을 제대로 마치지 않은 채 다음 일을 시작하는 경우가 허다하다. 또한 5분마다 엄마, 아빠를 부르거나 공부 도중에 딴짓을 할 변명거리들을 끊임없이 내놓는다.

"의욕이 없다", "집중력이 없다"는 말을 듣는 아이라도 자기가 정말 하고 싶은 일에는 집중한다. 놀이터에서 어린아이들이 노는 모습을 본 적이 있다면 아이들이 시소를 타거나 모래놀이를 하는 지극히 단순한 놀이를 집중해서 오랫동안 하는 모습을 보면서 절로 감탄한 적이 있을 것이다. 이러한 단순한 놀이를 부모들은 금세 지겨워하지만, 아이들은 시간 가는 줄 모르고 한참이나 열중하곤 한다. 아이의 주의 집중력은 전적으로 아이가 그 활동에 얼마나 흥미를 갖고 있느냐에 달려 있다.

필요한 능력: 주의 집중력

주의 집중력은 아이가 좋아하는 일에 집중하는 것만을 의미하지 않는다. 집안일, 학교 공부, 숙제 또는 종교나 가족 행사

등에 참여하는 상황처럼 아이에게 흥미가 없거나 어려운 활동들을 꾹 참고 해내는 능력을 의미한다.

　이런 사정을 잘 아는 교사는 아이들에게 시간이 많이 필요한 숙제를 내주지 않는다. 30분 이상의 시간이 필요한 숙제를 주면 한 가지 일에 몰입하지 못하는 소유 같은 아이는 숙제에 집중하기가 어렵다. 훌륭한 교사는 아이들이 오랫동안 책상에 앉아 자습을 할 수 있다고 기대하지 않으며, 마찬가지로 현명한 부모는 아이들에게 집안일을 시킬 때 빨리 끝낼 수 있는 일을 시키거나 단계별로 나눠준다.

학령전기

▷　5분 정도 걸리는 집안일을 해낼 수 있다.

▷　그룹 활동 시간에 자리에 앉아 있을 수 있다.

▷　앉은 채로 한두 편의 이야기를 들을 수 있다.

초등학교 저학년 시기

▷　숙제를 20~30분 동안 할 수 있다.

▷　15~20분 정도 걸리는 집안일을 해낼 수 있다.

▷　식사 시간에 차분히 앉아 있을 수 있다.

한 가지 일에 몰입하지 못하는
아이의 배움을 도와주려면

과제를 흥미롭게 만들어주자

과제를 시합이나 게임, 경쟁 형태로 바꾸어주자. 집중력을 발휘할 수 있느냐 없느냐는 어디까지나 하고 있는 일이 자신과 얼마나 잘 맞느냐의 문제다. 과제를 흥미롭게 만들어주면 어떤 아이든 엄청난 '집중력'과 '의욕'을 발휘한다. 하고 싶은 일에 몰입하다 보면 집중력은 저절로 붙는다.

지시하고 곁에서 살펴보자

아이는 옆에서 누군가가 격려해주거나 집중하라고 일깨워줄 때 더 오래 공부할 수 있다. 아이가 숙제를 하는 동안 부모도 옆에서 책을 읽거나 일을 한다면 그 시간을 보다 효율적으로 보낼 수 있고, 아이가 숙제에 집중하도록 도울 수 있다.

공부에 집중하지 않을 때도 잔소리를 하거나 빨리 하라고 명령하기보다는 공부하는 모습을 살펴보고 칭찬해주자. 아이가 스스로 공부하기 시작하면 부모나 교사는 점차 개입을 줄이되, 1년 동안은 비슷한 수준으로 아이를 살펴봐야 한다. 강화 기간을 1년 정도 유지해야 아이의 주의 집중력이 장기적으로 성장할 수 있다.

아이의 집중 시간을 서서히 늘리자

아이가 집중할 수 있는 시간에 맞게 과제 분량을 나눠주거나 타이머를 맞춰주면, 더 잘 해낼 수 있다. 아이가 집안일이나 숙제, 다른 과제를 할 때 도중에 쉬지 않고 온전히 집중할 수 있는 기준 시간을 재자. 시간을 재고 나면 타이머를 기준 시간보다 2~3분 더 길게 맞추고, 아이가 타이머가 울릴 때까지 집중할 수 있는지 시험해본다. 이런 과정을 통해 아이의 집중 시간을 늘린다.

눈으로 직접 확인할 수 있는 시간 장치를 활용하자

탁상시계나 손목시계 형태로 된 타이머를 구매하거나 스마트폰 앱을 활용할 수 있다. 부모는 국어, 수학, 영어 등 과목마다 체크리스트를 만들고 타이머를 맞춰둔다. 아이가 해당 과목의 과제를 시간 내에 끝내면 부모는 잘 끝낸 점을 칭찬해주고 게시판에 완료 시간을 표시한다.

보상 시스템을 활용하자

보상은 아이에게 동기 부여의 원인이 될 만큼 강력해야 하며 자주, 다양하게 주어져야 한다. 우선, 아이가 과제를 마치면 곧바로 원하는 활동을 하게 해주자. 간단히 스티커, 리스트 두 가지 요소를 활용하는 방법도 있다. 과제를 마칠 때마다 혹은 정해진 시간 안에 마칠 때마다 스티커를 하나 주고, 스티커가 일정량 모이면 특별활동 리스트에서 좋아하는 활동을 하나 고를 수 있게 하자.

환경을 조절해주자

먼저, 하루 계획표를 지키게 하자. 기상, 식사, 목욕, 등하교, 취침 시간을 항상 일정하게 지키게 해야 한다. 컴퓨터는 사용 시간을 정하고, 종료 시간을 알 수 있게 타이머를 설정해둔다. 숙제를 할 때 아이를 산만하게 하는 물건이 무엇인지 찾아내어 치우자. 학교에 가지고 다니는 물건들을 정리하고, 장난감이나 옷 등을 정리, 보관하는 장소를 만들자. 학교 숙제나 해야 할 일들은 글과 표로 만들어 시각적으로 상기시켜주면 아이가 기억하기 쉽다. 한 번의 지시로 행하지 않으면 부모가 아이의 눈을 마주본 상태에서 한 번 더 지시하자.

Chapter 3

아이마다
타고난
기질이 있다

기질적으로
느린 아이

상대성 이론으로 유명한 물리학자 아인슈타인은 부모가 의사에게 데려가 진료를 받게 했을 정도로 어릴 때부터 언어 발달이 늦었다. 말을 할 수 있게 된 다음에도 말이 느려서 다른 아이들에게 놀림을 받았다. 학교 시험에서는 낙제하기 일쑤였으며, 대학교 입학시험에서도 떨어졌다. 발명왕 에디슨도 지나친 호기심으로 상식적이지 않은 행동, 이상한 질문을 많이 해 학교에 입학한 지 3개월 만에 퇴학을 당했다.

그럼에도 또래보다 느리고 이상해 보이던 아인슈타인과 에디슨은 대기만성형 인간late bloomer이 되어 인류 발전에 기여했다. 부모의 정서적 지지와 신뢰가 아이의 자기 주도성을 키워 대기만성형의 뇌를 꽃피우게 한 것이다.

　전체 아이의 약 20%가 느린 기질을 타고난다. 기질적으로 느린 아이는 스스로 앞으로 나아가기는 조금 어려울 수 있다. 하지만 내면적 성장은 다른 아이들보다 훨씬 앞서갈 수 있다. 상황을 개선하려는 용기는 부족하지만 다른 사람들을 조용히 도우며, 사회에 도움이 되는 일을 많이 할 수 있다.

　비활동적이라는 것은 혼자 하는 일을 더 좋아한다는 의미이기도 하다. 기질적으로 느린 아이는 겉으로 보기에는 별로 나서지 않고 다른 아이들에 비해 뒤처지는 것 같지만 주변을 자세히 살피고, 자신의 에너지를 잘 조절해 필요할 때 집중해서 일을 잘 해내기도 한다.

기질적으로 느린 아이가 배움이 느린 이유

　아이의 먹는 속도가 느리면 다음 수업이나 일정에 지장이 있기 때문에 교사의 지적을 많이 받는다. 글씨 쓰는 속도가 느리면 받아쓰기에 어려움이 생겨 성적에 영향을 미친다. 이런 문제는 남자아이에게, 특히 초등학교 저학년 시기에 많이 생긴다. 기질적으로 느린 아이 중 배움이 느려지는 아이가 많다.

　기질적으로 느린 아이는 배우려는 의욕은 충만하지만 보상에 둔감할 수 있다. 복측피개영역과 측좌핵 등 도파민 관련

뇌 영역은 아이가 보상을 기대할 수 있을 때 동기를 자극하는 역할을 한다. 그런데 기질적으로 느린 아이는 이 영역의 보상에 대한 활성도가 낮아 보상을 찾아 나서는 일이 적고, 지속성이 떨어진다. 지속성이 높아야 어려운 과제를 만나도 기어코 해내고야 말겠다는 의지가 생기는데, 기질적으로 느린 아이는 쉽게 짜증을 내고 중도에 포기하는 일이 잦다. 자연스럽게 배움이 느려지는 것이다.

숙제나 하기 싫은 일이 있으면 잘 미루는 편이다. 기질적으로 느린 아이는 꾸물거리다가 밤늦게 숙제를 시작하고, 나중에는 숙제를 끝마치지 못한 채 잠이 와서 쩔쩔매곤 한다. 일단 시작하면 잘하는데, 시작하기까지 시간이 걸린다.

그리고 뒹굴거나 잠자고 먹는 활동에서 얻는 넉넉한 감각을 즐긴다. 때로는 지나치게 편한 것을 추구하다 보니 게으르고 소극적인 경우도 있다. 공부를 게을리하기도 하고, 어려운 일이 생기면 '저절로 해결되겠지', '누군가 해결해주겠지'라는 마음으로 기다리기도 한다. 특히, 자유 시간이 많을수록 꾸물대는 경향이 있으며, 성취욕이나 승부욕이 부족해서 시험을 치거나 게임을 할 때는 집중하지 않고, 대충대충 해놓고 빨리 벗어나려고 해 실수가 많다.

부모는 기질적으로 느린 아이를 키울 때 보상을 추구하지 않는 점, 지속성이 부족한 점을 염두에 두어야 한다. 따라서 아이가 열정적으로 몰입하지 않고, 끈기가 없고, 일을 마무리하지 못해도 너무 조급하게 대처해서는 안 된다.

기질적으로 느린 아이의 배움을 도와주려면

부모는 기다리는 법을 배워야 한다. 기다리는 것은 수동적이거나 무관심한 것과는 다르다. 아이의 일에 관여하지 말고 바라만 보라는 뜻도 아니다. 기다림이란 아이가 자연스럽게 성장하는 과정을 관찰하라는 의미다. 우리 아이만 뒤처지지 않을까, 정체되지 않을까 불안해하기보다는 아이의 미래를 염두에 두고 더 크게, 멀리 보라는 뜻이다.

과제를 하고 있을 때는 불필요하게 간섭하지 말자. 기질적으로 느린 아이는 한번 취한 태도나 행동을 바꾸려면 시간이 오래 걸리는데, 부모가 도중에 참견을 하면 초점을 잃고 더욱 늦장을 부리게 된다. 무엇이든 한꺼번에 많이 요구하지 말고, 과제를 하는 동안에는 잔소리하거나 참견하지 말자.

변화는 최소화하자

기질적으로 느린 아이는 무언가를 발견하고 배우라고 강제로 쥐어짜기보다는 아무 목적 없이 놀도록 내버려둘 때 훨씬 자유롭게 활동한다. 주어진 과제를 해결하는 과정에서 뇌가 활성화된다는 것은 그 과제에 필요한 활동 이외의 다른 활동은 억제된다는 의미다. 아이의 행동이 느린 이유가 늘 신중하게 생각하는 습관을 가지고 있기 때문일 수 있다.

긴장이 없는 편안한 환경에서는 뇌가 특정한 일이나 활동을 위해 다른 모드를 억제하지 않아도 되기 때문에 창의력을 더 잘 발휘할 수 있다. 따라서 한꺼번에 너무 많은 변화를 주거나 평소와 지나치게 다른 상황을 만들지 말자. 정해진 일과, 일정을 되도록 유지하자. 다음에 일어날 일에 대해 미리 알려주자. 아이에게 상황에 대처할 수 있는 대본이나 지시문을 주고 미리 그 상황을 연습하게 해도 좋다.

규칙을 정하자

매일 같은 시간과 장소에서 규칙적으로 공부하도록 도와주자. 기질적으로 느린 아이는 잘 짜인 상황이나 규칙적인 틀 안에 있으면 따라 하는 경우가 많고, 무엇이든 습관이 되면 더 잘한다. 하루의 스케줄을 미리 설명해주고 매일 같은 시간과 장소에서 규칙적으로 공부할 수 있게 도와주자. 그날 할 일은 그날 끝낼 수 있게 하자.

기질적으로 느린 아이는 자기만의 속도로 공부한다. 아이가 자기 속도로 꾸준히 해나가도록 어려워 보이는 과제는 작고 쉽게 나누어주자. 아이가 포기하려는 기색을 보이면 옆에서 그

동안의 노력과 성취를 칭찬하고 격려하자.

미리 준비하게 하자

매일 알림장을 체크하자. 도시락을 싸야 한다면 아이가 빨리 먹을 수 있는 음식을 준비하고, 학교 급식은 시간 내 먹을 수 있는 양만 받도록 일러주자. 아이용 알람 시계를 따로 마련해 아이 스스로 잠자리에서 일어나게 하자. 등교 전 옷 입기와 신발 신기에 필요한 시간도 넉넉하게 주자.

기질적으로 느린 아이는 오래 앉아서 숙제하는 것을 어려워하지만 무엇을 언제 어떻게 해야 할지 몰라서 힘들어한다. 시간대별로 해야 할 일을 구체적으로 적은 계획표를 준비해주자. 계획을 짤 때는 아이와 함께 협력해서 짜는 것이 좋다. 아이 공부에 효과적인 계획을 세울 때까지, 함께 의논하고 기꺼이 수정해야 한다. 아이의 공부 계획이 습관으로 자리 잡힐 때까지 얼마간은 약간의 강제성이 필요할 수도 있다.

칭찬으로 자존감을 키워주자

보상에 대한 반응이 느리지만 주변 사람들에게 인정받고 이해 받는 것을 무엇보다 소중하게 생각한다. 다른 사람의 관심에 초연해 보여도 누군가가 자기를 알아봐주거나 자기 이름을 불러주면 더없이 좋아한다. 그래서 기질적으로 느린 아이는 칭찬으로 자존감을 세워주는 것이 중요하다. 느린 행동이 개선될 때마다 칭찬하고 상을 주자. 이러한 작은 성취 경험이 쌓일수록 큰 성취를 이룰 동력이 생긴다.

단, 상을 줄 때는 보상에 대한 반응이 느린 아이가 체감하기 쉽게 범위와 수준을 구별해주어야 한다. 작은 보상은 10점, 더 큰 보상은 20점, 최고의 보상은 30점처럼 구체적으로 정해주자. 그리고 시간이 흐르면 보상 체계를 점차 약화시켜야 한다. 예를 들면 보상 받는 데 필요한 점수를 늘려가는 것이다.

관심 있는 일에 빠져들 시간을 주자

기질적으로 느린 아이는 자신에게 중요하지 않은 일에는 무관심하지만 관심 있는 일에는 한없이 빠져든다. 따라서 초등학교 저학년 때는 아이가 잘할 수 있는 일 한두 가지에만 집중하게 하면서, 아이 스스로 '나도 잘할 수 있구나'라는 생각을 갖게 해주는 게 중요하다. 한 가지만 잘해도 '그래도 나는 이건 잘해'라며 자존감을 가질 수 있다. 자기를 인정해주는 좋은 환경에 있으면 강한 인내심, 안정감, 자제심으로 용감하고 성실하게 생활하며 대기만성형 아이가 될 수 있다.

주도하지 말고 보조하자

부모는 아이가 자유로운 분위기에서 스스로 공부하게 하

고, 할 일을 미루면서 늑장을 부리지 못하게 적절하게 보조해야 한다. 아이가 충동적으로 결정하지는 않았는지 스스로 돌아보게 하고, 할 일을 미루면 피해가 돌아올 수 있다는 것을 알게 하자.

또한 일의 우선순위를 매겨서 책임감을 갖도록 가르치자. 과제를 성취하도록 지시하거나 지적인 자극을 줘야 할 때는 아이에게 좀 더 적극적으로 개입하고, 선택권을 주자. 여건상 부모가 공부를 도와주어야 할 상황이라면 제한적으로 도와주는 게 좋다. 어디까지나 보조자로서 도움을 주어야 하고, 부모 스스로 주도하고 있다고 느낀다면 주저 없이 그만두어야 한다.

수용성이 높은 아이

초등학교 2학년인 태연이는 이야기를 하면 열심히 들으려고 하는 편인데 들은 내용을 잘 이해하지 못하고, 읽고 쓰는 것을 매우 힘들어한다. 반면에 미술에 뛰어난 재능이 있고 곤충에 관심이 많다. 친구들과도 자연스럽게 어울린다. 어른, 아이 할 것 없이 모두 태연이와 어울리는 것을 좋아하지만, 종종 읽기 문제로 애를 먹을 때면 위축되어 자신 없는 모습을 보이곤 한다.

***

수용성이 높은 아이는 예민한 편이라 분위기에 영향을 많이 받는다. 또한 자기의 소지품이나 방의 환경이 마음에 꼭 들지 않으면 불편해한다. 좋아하는 것과 싫어하는 것의 차이가 뚜렷하다.

다른 사람들에게 관심이 많고 산만한 경우가 많다. 공부를 하다가도 부모가 대화를 나누면 어느새 옆에 와서 끼어들곤 한다. 인간적인 면에 관심이 많고 인간관계나 타인의 의견을 중요시한다. 상황에 따라서는 비판적인 말, 친구와의 관계에서 상처를 받는다.

자기 능력을 파악하지 못해 학습량을 잘못 잡기도 한다. 수용성이 높은 아이가 배움이 느린 이유가 여기에 있다. 따라서 아이에게만 맡기지 말고 부모가 적당한 선에서 정도를 벗어나지 않도록 도와줘야 한다.

수용성이 높은 아이가
배움이 느린 이유

틈만 나면 공상에 휘둘리거나 다른 일에 집중한다

감수성이 예민해서 평소에는 안정감 없이 감정에 휘둘리는 경우가 많다. 또한 매사에 긍정적인 면보다 부정적인 면을 먼저 보며, 틈만 나면 혼자 틀어박혀 공상에 빠진다. 부모는 하루에도 몇 번씩 "계속 해"라고 소리를 지르거나 "다시 하라니까!"라며 윽박지르기가 쉽다. 정한 시간 안에 숙제를 마칠 수 있도록 이러저러한 노력도 기울여보지만 아이를 공부에 집중시키는 게 여간 어려운 일이 아니다.

수용성이 높은 아이는 필요 이상으로 재미있는 것에 집착하거나 공부를 멀리하는 경향이 다른 아이들보다 더 심하다. 수학 문제를 푸는 도중에도 정신을 딴 데 팔고 있다가 다음에 무엇을 해야 할지 모르겠다는 불평을 늘어놓기 일쑤다. 주의가 산만하고 수업 시간에도 장난이나 다른 활동에 쉽게 빠져들기 때문에 노트 필기를 꼼꼼히 하기가 어렵다. 설령 노트 필기를 했더라도 여기저기 빠져 있는 내용이 많아서 복습을 하거나 시험을 볼 때 전혀 도움이 되지 않는다. 과제를 수행하는 속도가 느려서 게으른 아이로 오해받는 경우도 많다.

청각적 주의력이 떨어진다

학급 토론, 소집단 활동, 상담을 진행한다면 질문 내용을 잘 이해하고 있는지를 중점적으로 살펴봐야 한다. 수용 언어 능력에 문제가 있는 아이는 "그게 뭐죠?", "무슨 뜻이에요?"라고 되물으며 반복해서 설명해달라고 요구한다. "잘 모르겠어요"라고 체념하기도 한다. 수용성이 높은 아이는 들을 때는 이해하지 못하다가도 정보가 도표, 그림, 모형, 시연처럼 시각적으로 전달되면 갑자기 이해하기도 한다.

글을 잘 읽지 않고 논리와 추론 능력이 떨어진다

수용성이 높은 아이는 학교에서 돌아오면 책이나 잡지, 신문 등은 잘 읽지 않는다. 가끔 만화책을 뒤적일 때는 있지만 대개는 음악을 듣거나, 무언가를 만들고 디자인하거나, 그림을 그리거나, 요즘 한참 재미를 느끼고 있는 놀이를 한다. 혼자서 교과서의 바탕을 이루는 핵심 개념들을 이해하는 데 어려움을 겪는다. 단순히 암기해야 하는 과제나 반복 학습을 무척 싫어하기 때문에, 수학 시간에 사칙연산 같은 문제를 반복해서 풀라고 하면 싫어한다. 수업 분위기가 지루하고 딱딱하면 싫어한다.

수용성이 높은 아이의 배움을 도와주려면

감정조절력을 키워주자

학교생활이 미래에 어떤 도움이 되는지 이야기해주고, 여러 가지 특별활동을 통해 창의력을 발휘할 수 있는 기회를 마련해주면 좀 더 즐겁게 참여할 수 있다. 수용성이 높은 아이는 감정의 기복이 심하므로 감정의 변화를 이해하고 공감해주는 것이 좋다.

섬세한 면과 격렬한 면을 동시에 지니고 있어 아이의 감정 변화를 잘 파악할 필요가 있다. 아이가 감정을 격하게 드러낼 때는 굳이 바로잡으려 애쓰지 말고 아이의 생각을 받아주고 경청하자. 차분하게 들어주고 받아주기만 해도 아이는 공부를 다시 시작한다.

적절하게 칭찬하자

수용적인 아이는 칭찬을 좋아한다. 공부할 때는 칭찬과 격려를 적절히 사용해야 한다. 혼낼 때도 칭찬을 먼저 하고 나서 잘못된 부분을 지적하고 다시 칭찬으로 마무리하는 것이 좋다. 공부 계획을 세울 때도 먼저 칭찬을 해주자. 아이가 혼자서 못하는 일은 주변 친구나 교사, 부모가 도와주어야 한다.

집중할 수 있는 환경을 만들어주자

친구와의 대화, 문자 메시지, 학교에서 종종 일어나는 소란스러운 사건이나 각종 소음 등 아이의 집중력을 방해하는 요소들을 최소화해야 한다. 집중력이 떨어지기 때문에 교사나 부모가 여러 번 반복해서 지시하지 않으면 과제를 하지 못하는 아이도 있다.

장기 기억력을 키우기 위해서는 형광펜이나 색연필을 이용해 자료를 시각적으로 보기 쉽게 만들어주는 것도 도움이 된다. 핵심 정보를 표로 만들고, 정보와 정보를 서로 연결하고, 연관된 것에 대해 이야기하자. 그리고 관찰 학습이나 연습을 통해 기억력과 공부머리를 키워주자.

독서 습관을 만들어주자

수용성이 높은 아이는 글 읽는 것 자체를 싫어한다. 처음부터 바로 글을 읽으면 내용이 잘 이해되지 않아서 흥미가 반감된다. 따라서 읽기 단원을 공부할 때는 먼저 제목과 그 단원에 나와 있는 그림을 보면서 대충 어떤 내용일지 상상하게 한 다음 글을 천천히 읽게 하는 것이 좋다. 아이의 수용 언어 능력이 제한적이라면 듣기 기술 연습이 효과적이다. 듣기는 인쇄된 글을 해석할 필요가 없기 때문에 단어와 문장 구조, 주제를 이해하는 연습이 된다.

청취 이해력도 높여야 하는데, 가장 확실한 방법은 아이에게 책을 읽어주는 것이다. 책을 읽어주고, 방금 읽은 책의 내용을 묻고, 앞으로 나올 내용에 대해 예상하게 한다. 또한 아이가 책 내용을 개인적인 경험이나 다른 독서 경험, 영화 등과 연결하는 방법을 떠올릴 수 있게 단락마다 끊어 읽어야 한다.

추론력과 사고력을 키워주자

부모의 추론 과정을 관찰하게 만들고, 사고 과정에 참여하게 하자. 나아가 아이에게 새로운 아이디어를 구하고 기존의 아이디어에 대한 생각도 물어보자. 예를 들어 고장 난 변기를 고치거나 깜빡거리는 형광등을 바꾸는 등 집 안을 손볼 때 어떻게 할 것인지 전략을 설명해도 좋다. '생활 속에서 감염을 줄일 수 있는 방안 조사하기'처럼 주제를 가지고 토론을 해도 좋다. 단, 보고서의 양식이나 틀에 대해서는 아주 기본적인 것만 제시하고 나머지는 아이 스스로 자유롭게 생각해서 발표하게 하자.

과제를 시작하는 습관을 만들어주자

수용성이 높은 아이는 과제를 시작하는 습관을 들일 수 있게 매일 지속적으로 일러줘야 한다. 아이에게 해야 할 과제를 시작하라고 지시하고, 아이가 그 과제를 곧바로 시작할 때마다 칭찬해주자. 혹은 요청한 과제를 3분 이내에 시작하면 포인트를 주고, 포인트가 쌓이면 아이가 원하는 보상을 해준다. 반드시 부모는 아이가 과제를 시작하는지 눈으로 지켜봐야 하며, 아이가 그 과제를 계속하는지 주기적으로 확인해야 한다.

아이에게 과제를 시작하라고 직접 일러줄 수 없다면 지시 내용을 쪽지에 적어주자. 학교나 학원에서 집에 온 아이가 쪽지를 보고 과제를 시작하게 해야 한다. 쪽지에 지시 내용을 적을 때는 힘든 과제는 쪼개어 부담감을 덜어주고, 너무 오래 걸리거나 지나치게 많은 분량의 과제는 아이에게 한 번에 한 단계씩만 하게 하자. 그러면 아이는 훨씬 더 쉽게 과제를 시작할 수 있다.

수용성이 높은 아이에게 언제, 어떻게 그 일을 마칠 것인지에 대한 계획도 세우게 하자. 아이가 보다 주도적으로 전체 과정을 해나가며, 여러 번 지시하지 않아도 별다른 불평 없이 과제를 시작할 것이다. 아이가 과제를 시작하기 위해 부모의 지시를 어떤 방식으로 받고 싶은지 스스로 결정하게 하면 아이의 적극성과 주도성을 높일 수 있다.

주어진 시간 안에 달성 가능한 과제를 부여하자

늦다고 아이를 다그치거나 비난하지 말자. 가정에서 과도한 자극으로 흥분하지 않게 하며, 예측 가능한 일과를 유지하게 하자. 매일 규칙적인 시간에 일어나고, 식사하고, 잠자리에 들게 하자. 이런 생활을 통해 수용적인 아이는 한 가지 일이 끝나면 다음에는 다른 일이 기다리고 있다는 규칙을 이해한다.

수용성이 높은 아이에게 집안일이나 방 정리, 숙제를 마치는 데 시간이 얼마나 걸리는지 물어보자. 질문하고 답하는 과정을 통해 아이는 시간을 관리하는 습관을 기를 수 있다. 아이와 '하루 활동 계획 세우기'를 주제로 대화를 나누고, 그 활동을 마치는 데 걸리는 시간을 예측하고 결정한다면 시간과 일의 관계에 대해서도 배울 수 있다. 부모가 적극적으로 달력이나 일정표를 활용하는 모습을 아이에게 보여주면 부모의 행동을 본받을 것이다.

환경:
배움이 느린 아이에게 기본적으로 필요한 것

부모는 아이가 어릴 때는 모든 것을 허용한다. 놀이, 탐험, 실험, 실수하는 모습을 지켜보며 그 과정에서 무언가를 깨닫고 옳은 선택을 하리라 믿는다. 부모의 말이나 행동에 반항하는 모습을 보여도 그럴 수 있다고 봐주기도 한다. 하지만 TV 시청, 컴퓨터 게임, 스마트폰 사용 시간에 제한을 두는 것에 동의하지 않는 부모는 거의 없다. 그것들이 아이의 학교생활, 친구와의 교제, 관심사 공유에 중요한 역할을 해도 말이다.

실제로 배움이 느린 아이는 다른 아이들보다 디지털미디어나 컴퓨터 게임을 하는 데 더 많은 시간을 보낸다는 증거가 있다. 유아기에 디지털미디어나 게임에 과도하게 노출된다면 ADHD 발병 위험이 높아지거나 증상이 악화될 수 있다. 아이의 수면 패턴과 언어 인지 능력도 손상될 수 있다.

환경을 조직화하고 관리해야 한다

　이러한 문제에 합리적으로 접근하는 방법은 아이의 환경을 바꾸는 것이다. 예를 들면 디지털미디어나 게임에 노출되는 시간을 제한하고, 아이가 해야 할 과제를 완료할 때 정해진 시간 동안 사용할 수 있게 허락하는 것이다. 부모는 끊임없이 아이에게 바람직한 길을 찾아야 한다. 모든 아이가 그렇지만, 특히 배움이 느린 아이는 오래 지속한 행동들을 변화시키기가 정말 어렵다. 하지만 그럴수록 배움이 느린 아이의 부모는 지나치게 간섭하거나 제한하거나 규칙으로 옭아매려고 한다. 그것이 항상 최선은 아니다.

　아이의 행동을 한 번에 크게 변화시키려고 한다면 부모와 아이 모두 좌절감을 느낄 것이다. 복잡한 일련의 행동들을 바꾸고 아이의 노력을 돕기 위해서는 과제를 좀 더 세분화하고 성취 가능하게 단계를 구분해줄 필요가 있다. 단계를 나누어 성취 가능성을 높이면 아이가 실패하거나 좌절하는 일은 줄어들고, 작은 성공을 차곡차곡 쌓아나갈 수 있다.

　부모도 바람직한 양육 방식을 배우고 연습해야 한다. 먼저, 세분화한 과제의 각 단계를 파악하는 것부터 시작해야 한다. 각 단계에 계획을 하나씩 세운 다음 추적 관찰을 하며 아이가 과제를 완성할 때마다 수정해야 할 부분들을 확인한다. 계획을 세우는 데 아이를 참여시켜도 좋다. 예를 들어, 아이에게 방 청소를 시키려면 다음과 같은 단계들을 만들어볼 수 있다.

▷ 더러운 옷은 바구니에 넣기
▷ 책은 책장에 꽂기
▷ 장난감은 서랍에 정리하기
▷ 침대 위 정돈하기

　단계들을 만든 다음에는 하나씩 지시한다. "방을 청소하려면 더러운 옷, 세탁해야 할 옷을 빨래 바구니에 넣는 것부터 시작하자."

　배움이 느린 아이는 무슨 일이든 시작하기가 가장 어렵다. 과제의 첫 단계에 도움을 주면 시작할 가능성이 높아지고, 일단 시작하면 다음 행동까지 나아가기가 수월하다. 아이가 첫 단계를 시작한다면 아이의 행동을 칭찬하는 데 집중하자. 아이는 칭찬받으면 그다음 지시에 더 잘 반응할 수 있다. 예를 들어 아이가 더러운 옷을 바구니에 넣었을 때 부모가 "잘했어"라고 칭찬하면, 그다음 부모가 지시하는 상황도 아이가 귀 기울여 듣게 된다. 방이 정돈될 때까지 이 과정을 계속 한다. 이것을 좋은 진전이라고 할 수 있는데, 부모와의 상호작용이 아이의 과제 수행력과 자존감을 향상시킨다.

　또한, 아이가 과제를 수행하면서 시간을 잘 안배할 수 있도록 하고, 수행하는 데 걸리는 시간을 점차 효율적으로 줄여가면서 좀 더 과제에 집중하고 신속하게 마칠 수 있도록 도움을 줄 수 있다. 이런 작은 성취들은 그동안 실패와 좌절을 반복 경험한 아이들에게 중요한 의미를 만들어준다.

왜 습관이 중요할까?

1966년, 스탠퍼드대학교의 월터 미셸 박사는 만 4세 아이 653명에게 실험을 진행했다. 마시멜로가 한 개 들어 있는 접시와 두 개 들어 있는 접시를 보여주며, 지금 먹으면 한 개를 먹을 수 있지만 선생님이 돌아올 때까지 먹지 않고 기다리면 두 개를 주겠다고 한 것이다. 아이들은 선생님이 나가자마자 마시멜로를 먹어버리거나, 참다가 중간에 포기하고 먹어버리거나, 끝까지 참고 먹지 않는 행동을 보였다. 그로부터 15년이 지나 실험에 참가한 아이들이 10대가 되었을 때, 월터 박사는 그들의 삶을 추적했다.

마시멜로를 먹지 않고 오래 참은 아이일수록 가정생활이나 학교생활 전반에서 참지 못한 아이들보다 훨씬 우수했고, 대학입학자격시험SAT에서 또래보다 뛰어난 성취도를 보였다. 심지어는 부모의 평가도 훌륭했다. 이후의 추적 연구는 아이들이 성인이 된 후에 이루어졌다. 인내하지 못한 아이들은 비만,

약물 중독, 사회 부적응의 문제를 가진 채 사는 반면 인내한 아이들은 각자의 영역에서 성공한 사람이 되어 있었다. 실험에 참여한 아이들에게 무슨 일이 있었을까.

오래 참은 아이와 그렇지 않은 아이의 차이는 습관에 있다. 오래 참은 아이는 마시멜로를 보지 않으려고 손으로 눈을 가리거나 자신의 머리카락으로 눈을 덮거나 천장을 쳐다봤다. 그리고 아이들은 혼잣말하기, 노래하기, 손과 발을 사용해서 놀기 등 마시멜로를 먹지 않으려고 자발적으로 다른 행동을 하고, 그 행동에 집중했다.

우리는 보통 공부를 잘하는 아이들은 의지력과 인내심이 뛰어나 꿈을 실현했다고 생각한다. 그러나 의지력과 인내심을 발휘할 수 있었던 근본적인 요인을 추적하다 보면 그 근원에는 좋은 습관이 있다는 것을 알게 된다. 공부를 잘하는 아이들의 자발성도 습관에서 기인한다. 하루하루 자연스레 반복하다 보면 자기도 모르게 그 행동을 당연한 것으로 받아들여 자발적이 되는 것이다. 좋은 공부 습관이 있기에 책상에 앉아 공부하는 것에 아무런 불편함을 느끼지 않고, 마음껏 즐기듯 공부할 수 있는 것이다.

배움이 느린 아이의 환경을
조직화하고 바꾸는 법

부모가 아이의 환경을 잘 조직화하면 아이도 당황해서 허둥대는 일이 줄어든다. 또한 집 안 생활을 철저히 조직화하면 부모 스스로도 더 차분해지고 관리하기가 더 쉬워질 것이다. 매일 수행해야 할 과제 목록은 아이와 부모 모두에게 도움이 된다.

스마트폰에는 달력과 알림 기능이 있다. 아침에 아이가 일어나기 전, 부모는 10~30분 정도 시간을 내어 그날 해야 할 모든 일들을 생각해보고 우선순위에 따라 목록을 작성해보자. 만약 아이가 숙제, 장난감, 옷을 보관할 적합한 장소를 정해둔다면 물건을 덜 잃어버릴 것이다. 주의해야 할 점은 모든 계획이 현실적이어야 하고 아이나 부모가 압도당하지 않을 정도여야 한다는 것이다. 이런 규칙이나 전략들이 성공하려면 부모가 아이의 아군이 되어야 한다.

하루 계획표를 지키게 하자

저녁 식사, 숙제, TV 시청, 취침 시간을 항상 일정하게 하자. 그리고 아이에게 활동이나 과제를 진행해야 할 시간을 알려주자. 계획이 변경되면 15분, 10분, 5분 알람을 통해 알려주자. 일상이나 계획이 변경될 경우도 미리 대비하자. 그렇게 하면 하루 계획표를 지키기 수월해진다. 아이에게는 재미도 중요하므로, 무조건 '재미있는 시간'을 정기적으로 계획표에 넣자. 그리고 가능할 때마다 그 시간을 즐길 수 있게 이끌어주자.

주의를 산만하게 하는 요소들을 차단하자

아이의 중요한 시간을 가장 방해하는 것이 무엇인지 알아야 한다. 산만함의 요인은 아이마다 각기 다르다. 그래서 쉽게 결론을 내리기보다 관찰해야 하고, 찾으면 그 요인을 부모가 통제해서 바로 고칠 수 있는지 혹은 부모와 아이가 함께 협상해서 단계적으로 고쳐나가야 하는지 확인할 필요가 있다.

아이와 함께 숙제 계획을 세우자

아이와 함께 공부나 숙제 공간을 만들고 관련된 용품을 비치해두자. 아이마다 스타일이 다르다. 공부방에서 혼자 공부하는 걸 좋아하는 아이가 있는가 하면 거실에서 엄마나 아빠와 같이 공부하는 걸 좋아하는 아이도 있다. 어느 쪽이든 괜찮으니 아이의 스타일을 존중해주자.

숙제 시간은 길지 않게 나누고, 지속할 수 있도록 알람 시계를 사용하자. 문 근처에 아이의 책가방을 두는 자리를 만들고 아이가 학교나 학원을 갈 때 스스로 들고 갈 수 있게 하자. 그리고 숙제가 끝나면 가방에 넣어 제자리에 걸어두게 하자.

도표와 점검표를 사용하자

도표와 점검표는 아이가 자신이 해야 할 일이나 숙제의 진행 상황을 파악하는 데 도움이 된다. 지침은 짧게 하고, 아이가 해야 할 일과 각각의 일이 완료되었는지 확인하는 알림을 자주 주자. 매일 집에서 학교, 학교에서 집에 가져가야 하는 것을 확인하는 데 필요한 점검표도 만들자. 아이를 학교에 데려다주는 데 도움이 되는 점검표도 만들자. 그리고 아이가 학교에 가져가야 하는 가방, 신발, 외투, 장갑, 학용품 등의 목록표를 현관문 옆에 붙여놓자. 아이가 숙제나 과제를 성공적으로 마쳤을 때, 하려는 노력을 보일 때는 칭찬해주자.

작고 도달하기 쉬운 목표를 정하게 하자

즉각적인 결과보다는 서서히 도달할 수 있는 목표를 정하자. 조금씩 천천히 노력해나가면 성공할 수 있다는 것을 아이가 확실히 이해하도록 해야 한다. 그러기 위해서는 선택의 폭을 줄여주는 것이 좋다. 결정을 내리기 쉽게 한 번에 두 개나 세 개 정도의 선택권만 주고 가능하면 의사 결정과 문제 해결 과정에 아이를 참가시키자. 아이의 자존감을 키워줄 뿐 아니라 아이의 참여로 더 좋은 결과를 만들 가능성이 높아진다. 아이가 가족 활동 계획과 여행에 참여하도록 장려하자. 엉뚱하다고 생각되는 일이어도 아이를 긍정적으로 인정하고 작은 일에도 진심으로 칭찬해주자.

아이 중심의 계획을 세우자

계획은 부모가 아니라 아이에게 효과가 있어야 한다. 부모가 아이의 일상생활에 한계를 정해주고, 목록을 만들어주고, 반복하는 과정에서 생활 습관을 형성하게 돕고, 그에 따른 칭찬과 훈육을 하는 것은 아이가 발전하는 데 필요한 발판이 된다.

아이가 규칙과 절차를 익히고 좀 더 스스로 조절할 수 있게 되면 발판은 점차 제거해도 괜찮다. 이미 자리 잡은 습관은 발판이 없어도 유지될 수 있다. 아이를 중심으로 한 이러한 계획은 성장하는 아이에게 단계적으로, 장기적으로 적용해야 한다. 예를 들어, 아이가 숙제 점검표를 스스로 만드는 법을 배운다면 더 이상 부모는 숙제 점검표를 만들어주지 않아도 된다.

아이가 일상을 구조화하고 조직화하도록 도와주면 아이의 자신감과 경쟁력은 커진다. 그리고 그 과정에서 이룬 작은 성공들을 더 많이 경험할수록 자존감도 커진다. 이렇게 부모가 아이의 발전에 발판이 되는 구조를 만들면 아이의 힘은 나날이 커지고, 나중에 발판을 제거해도 스스로 자랄 수 있다.

격려:
배움이 느린 아이에게 더 효과적인 것

최근 한 연구에 따르면 공부에 아이의 노력이 미치는 영향력은 7%에 불과하다고 한다. 부모는 아이가 공부를 못하면 아이의 노력이 부족해서 그렇다고 하지만, 실제로는 노력에 의해 결정되기보다는 공부 의욕을 불러일으키는 환경이나 습관에 의해 주로 결정된다. 따라서 공부 잘하라고 윽박지르기보다, 아이의 뇌 학습 원리와 상황을 이해하고 공부머리를 만들어주는 것이 중요하다.

부모는 다른 아이들에게는 효과적이었던 양육 방법들이 아이에게는, 특히 배움이 느린 아이에게는 그렇게 효과적이지 않다는 것을 알고 있을 것이다. 아이가 가정의 규칙이나 주위의 기대에 부응하지 못하는 이유를 잘못된 양육 탓이라고 여겨 매우 절망스럽고, 화도 날 것이다. 때로는 아이에 대한 부정적인 경험들에서, 아이가 지시 사항을 이해하지 못하거나 기억하지 못해 향상될 가능성이 전혀 없다고 생각하고 포기할 수도 있다.

사실은 배움이 느린 아이도 다른 아이들처럼 부모의 말을 이해하고 기억한다. 그러나 행동을 조절하고, 생각을 조직화하고, 행동하기 전에 생각하고, 계획을 세우고 수행하는 능력에 어려움이 있어, 알아도 적절하게 해내지 못하는 것이다.

예를 들어, 부모가 누군가와 통화할 때 자꾸 방해하거나, 이야기를 하면서 돌아다니는 행동이 옳지 않다는 것을 알지만 스스로 멈출 수가 없다. 먼저 일을 저지르고, 그다음에 생각하는 것이다. 모든 행동 방식이 '준비-발사-조준'처럼 단순하고 성급하다. 다른 아이들에게는 효과적이었던 양육 방법이 배움이 느린 아이에게는 통하지 않는 이유가 여기에 있다. 아이는 적절한 행동이 무엇인지 모르는 것이 아니라 그것을 실행하기가 어려운 것이다.

칭찬의 중요성

칭찬이 아이에게 성취감을 느끼게 하면, 아이의 잠재력도 극대화시킬 수 있다. 모든 인간의 뇌는 '폭주'해서 재능을 발휘하도록 만들어져 있다. 예를 들면, 칭찬과 같은 아주 사소한 계기가 뇌의 도파민 학습 회로를 자극해 재능을 꽃피우게 하는 것이다. 따라서 아이가 성취감을 느낄 수 있는 사소한 계기를 놓치지 않는 것이 중요하다.

신경과학자 마르틴 코르테는 공부를 하는 데는 무엇보다 예측하지 못한 긍정적인 사건들이 중요하다고 했다. 놀라운 사건은 우선순위 목록에서 높은 자리를 차지한다. 예를 들어 한 아이가 공부에 몰두해 기대했던 것보다 더 좋은 성적을 냈다면 도파민이 뇌를 적시면서 아이의 의욕은 고취된다. 반 아이들이 다 듣는 데서 교사로부터 숙제를 잘해왔다고 칭찬을 받는 일, 단어 시험에서 100점을 맞는 일 등 예외적인 사건들은 아이의 뇌에 특별한 일로 입력된다. 기대 이상의 놀라운 사건은 뇌에 차곡차곡 저장되고 기억된다. 쾌감뿐만 아니라 무엇이 긍정적인 결과를 가져왔는지도 기억되고 학습된다.

칭찬보다 격려를

부모의 칭찬은 아이 행동의 무게를 저울로 재보고 말로 선물을 주는 것이다. 잘한 일에 대해서 정확하고 확실하게 긍정적인 언급을 해주는 것은 물론 좋은 일이다. 더 나은 결과를 내기 위한 자극이 될 수도 있고, 부모와 아이의 관계를 발전시키는 촉매재가 될 수도 있다. 하지만 칭찬에는 널리 알려진 부작용이 있다. 바로 칭찬에 익숙해진 아이는 그것만을 좇는다는 점이다.

아이는 자신이 잘했는지 못했는지를 스스로 판단하는 것이 아니라 칭찬을 받느냐 못 받느냐에 집착한다. 외부의 평가에 집착하게 되면 자연스럽게 자존감이 낮아지고 자아가 불안정해진다. 쉬운 수학 문제를 풀게 하고 아이가 맞혔을 때 "넌 똑똑하구나"라고 칭찬하면, 아이는 더 어려운 문제가 나왔을 때 쉽게 좌절하고, 부모의 눈을 피해 해답을 보기도 한다.

반면 "포기하지 않고 잘 해냈구나"라고 격려하면, 아이는 어려운 문제가 나와도 제힘으로 풀어보려고 끝까지 노력한다. 주변에서 어떤 일이 벌어지든 아랑곳하지 않고 자신의 일을 묵묵히 수행하는, 성실하고 우직한 모습을 나타낸다. 그래서 격려한다는 것은 곧 아이가 어떤 모습을 보이든 항상 힘이 되어준다는 것을 의미한다. 이러한 특성 때문에 격려할 때는 칭찬할 때와는 또 다른 마음가짐이 필요하다.

아이에게 경계선을 긋지 않고, 항상 아이의 편에 서야 한다. 격려가 가지는 조건 없는 사랑과 믿음은 관계에 큰 안정감을 가져다주는 요소다. 이는 한번 마음먹은 일은 흔들림 없이 할 수 있는 튼튼한 자존감 형성으로 이어진다.

특히 아이가 성장하는 데에 지대한 영향을 끼치는 부모와의 관계에서 격려의 효과는 더욱 두드러진다. 부모가 아이를 볼 때는 마음의 저울을 제거하고 언제나 아이의 편이 되어야 하며, 감시하고 평가하기보다는 아이의 건강한 모습을 발견하는 데

주력해야 한다.

배움이 느린 아이를 격려하는 법

배움이 느린 아이가 공부 의욕을 잃어버리는 이유는 성공의 길, 꿈을 이루는 방법이 단 하나뿐이라고 생각하기 때문이다. 두렵기 때문에 위험을 감수하려고 하지 않는다. 배움이 느린 아이가 스스로 판단하는 법을 배우고 공부 의욕을 높이기 위해서는 부모가 다음과 같이 격려해야 한다.

잘하는 것과 좋아하는 것에 초점을 맞추자

부모가 아이의 장점과 아이가 한 일에 초점을 맞추면 아이는 자신감과 자아존중감을 갖게 된다. 격려는 결과가 좋지 않아도 노력하는 것이 보일 때, 작아도 향상되고 있을 때 효과를 발휘한다. 따라서 아이가 스스로를 가치 있다고 느끼도록 격려해야 한다.

부모는 아이의 꿈이나 좋아하는 것이 변하지 않는다고 생각하지만, 이것들은 아이의 능력과 유능감에 의해 결정되기 때문에 수시로 변한다. 가능한 한 아이가 좋아하는 것을 그대로 하게 놔두자. 유능감은 아이가 억지로 하지 않고 스스로 좋아서 할 때 키울 수 있고, 인생의 어느 시기에 분명 도움이 된다.

심리학자들은 자아를 사회가 정의하는 대로 발달하는 존재라고 생각한다. 이 관점에 따르면 사교적이라는 말을 듣고 자란 아이는 자신이 사교적인 사람이라고 생각한다. 반대로 그렇게 하면 안 된다는 걱정을 듣고 자란 아이는 스스로 자기 능력에 회의를 품는다. 이처럼 사회적 평판에 따라 자아의 개념은 다르게 프로그래밍된다.

아이가 어떤 일에 몰입하게 하려면 부모는 아이에게 격려를 해줘야 한다. 단, 결과에 따라서는 안 된다. 몰입한 행동, 목적의식, 노력에 대해 격려해주는 것이 필요하다. 몰입해서 얻은 결과보다 아니라 몰입했다는 것 자체가 중요하다. 부모가 너무 결과에 연연해하면 아이는 몰입 후에 즐거움을 느끼지 않고, 몰입한 행위의 성패만 신경 쓰게 된다.

아이의 선택과 결정을 존중하자

아이는 자기가 한 일에 어떤 변화가 있는지를 알아야 의욕이 생긴다. 따라서 아이가 스스로 선택하고, 그 결과에 스스로 책임질 수 있게 하는 것이 중요하다. 부모는 아이의 선택을 있는 그대로 받아들이고, 결정의 긍정적인 측면을 알려주고, 아이를 신뢰하는 모습을 보여줘야 한다. 아이가 부모의 모습을 보며 스스로를 믿게 해야 한다.

아이가 우유를 엎질렀을 때 부모가 닦아주면 아이는 자신의 실수를 대신 처리해준다고 생각할 수 있다. 아이에게 걸레를 주고 엎질러진 우유를 닦게 하자. 그리고 아이의 실수에 야단치기보다 "우유를 엎지르지 않고 마시려면 어떻게 해야 할까?" 하고 앞으로의 해결책을 물어본다. 아이가 "제자리에서 마셔야 해요"라고 나름의 해결책을 제시하면 앞으로는 그렇게 하도록 격려한다. 한 연구에 따르면 힘든 상황을 스스로 극복하는 아이들은 가정에서 어릴 때부터 책임을 지는 경험이 도움이 되었다고 한다.

아들러 심리학에서는 아이를 야단치지 말고 칭찬하지 말고 '용기를 주라'고 권한다. 아이에게 용기를 준다는 것은 한마디로 아이가 인생의 과제에 도전할 수 있게 지원한다는 의미다. 용기를 주기 위해 아이에게 "고마워"라고 말해주자. 아이가 공헌의 쾌감을 느낄 수 있게 말이다. 자신이 조용히 무언가를 하면 누군가를 도울 수 있다는 사실을 배운 아이는 다음에도 조용히 그 기회를 기다릴 수 있다.

아이에게 관심을 보이자

아이는 항상 일정한 관심을 받기를 원한다. 이것은 유대감에 대한 욕구다. 성인들조차 격려나 칭찬을 받기 위해 매일 노력하는데, 아이도 마찬가지다. 시험에서 좋은 점수를 받거나 심부름을 자주 하는 등 주위로부터 긍정적인 관심을 받기 위해 노력한다. 그런데 아이가 아무리 노력해도 자신이 원하는 만큼 부모의 관심을 받을 수 없다면 어떻게 될까?

그런 경우 아이는 부모의 관심을 받기 위해 더욱 매달린다. 유대감에 대한 욕구는 반드시 채워져야 하기 때문이다. 아이는 책을 좋아하든 수학을 좋아하든 만들기를 좋아하든 좋아하는 것 중에도 잘하는 것이 있다. 부모는 아이가 잘하는 것에 관심을 보여야 한다. 아이에게 꾸준하고 긍정적인 피드백을 주고 어떤 일을 반복하고 또 반복할 수 있도록 해야 한다.

또한, 부모는 아이를 일방적으로 통제하거나 야단치면 안 된다. 아이가 문제 행동을 하는 이유는 부모에게 주목을 받고 싶다는 '목적' 때문이지, 부모의 사랑이 부족해서 또는 과거에 생긴 트라우마 때문에 하는 것이 아니다. 부모가 아이에게 야단치거나 벌주는 것 자체가 아이에 대한 관심이다. 부모가 계속 아이를 야단친다면 아이의 문제 행동은 계속된다. 따라서 아이의 부적절한 행동보다는 적절한 행동에 주목해야 한다. 아이를 한 사람으로서 존중하면서 "기쁘다", "고맙다", "도움이 됐다"라는 말을 해주자. 부모는 '내가 너를 잘 안다'는 마음을 내려놓고 '네가 어떤 아이인지 궁금하다'는 태도로 아이를 대해야 한다.

비교나 경쟁에서 느끼는 스트레스를 관리해주자

성취 지향적인 우리 사회 구조에서는 누구나 비교와 경쟁 때문에 열등감을 느낀다. 그래서 칭찬은 많은 경우에 있어서 경쟁을 근거로 한 보상의 한 형태로써 주어진다. 칭찬을 받는 아이는 칭찬을 못 받을까 봐 두려워하는 마음을 갖게 되며, 실패에 대한 두려움 때문에 새로운 일에 도전을 하지 않게 된다.

따라서 부모는 다른 사람들의 의견이나 다른 아이들과의 비교에 의해서가 아니라, 작은 것일지라도 향상되고 노력한 것에 근거해서 아이를 격려해야 한다. 다른 아이들과 비교하지 않고 하는 격려는 아이도 수용할 수 있다. 그리고 항산화제가 풍부한 블루베리, 토마토, 귤, 딸기, 고구마 등 스트레스를 줄이는 음식을 먹이자. 음악을 들으며 노래 부르기, 천천히 걷기, 심호흡하기, 명상하기처럼 스트레스를 관리하는 법도 알려주자.

어른도 그렇지만 아이도 자신의 길을 가다 보면 부딪히는 일도 많고 그 와중에 자신감을 잃어버리기도 한다. 이때 섣부른 칭찬보다는 위로와 격려가 필요하다. 아이가 자신의 길을 찾아갈 수 있게 격려해줘야 하는 것이다. 그래야 역경이 다소 있을지라도 자신의 길에서는 그 역경을 견뎌낼 마음을 스스로 가질 수 있다. 아이 스스로 경험하게 하고 시행착오를 통해 스스로 가야 할 길을 가도록 격려해주자. 시행착오가 있을 때는 부모의 위로가 필요하다.

아이가 변할 필요가 있을 때도 조급해하지 않고 천천히 적응하도록 위로해주자. 외형적인 성적 향상을 지나치게 강요하기보다는 큰 그림을 그리며 스스로를 돌아보는 시간을 가질 수 있게 도와주자. 그때 행복 호르몬인 세로토닌이 증가한다.

작은 행동이 큰 습관이 되게 하자

습관에는 '핵심key 행동'이 중요하다. 핵심 행동을 파악해 바꾸면 다른 것에도 좋은 영향을 미칠 수 있다. 아침에 일찍 일어나는 행동을 습관으로 만들면, 그것이 아침 공부로 이어질 수 있는 이치다. 따라서 부모는 아이의 작은 행동 변화를 격려해야한다. 작은 행동이 반복되면 큰 습관이 만들어진다.

아이의 행동에 내적 동기를 만들어주는 것도 좋다. 가능하면 자신의 아이가 목표로 하는 분야의 사람들을 다양하게 만나보게 하자. 성공한 사람들이 어떻게 목표를 달성했는지를 알게 되면 꿈도 구체적으로 계획하게 될 뿐만 아니라 더 열심히 해야겠다는 내적 동기도 생긴다. 아이들은 성과를 제대로 평가하면 의욕을 낸다. 자기 힘으로 방법을 알아내면 흥미를 가진다. 아이가 자유롭게 자기 의견을 말할 수 있는 환경이 주어지면, 그리고 거기에 격려가 더해지면 아이는 더 의욕적으로 할 수 있다.

자기주도성:
배움이 느린 아이가 키워야 할 것

    정신분석학자 르네 스피츠는 어느 열악한 고아원의 아이들이 시설이 좋은 곳의 아이들보다 건강한 이유가 주변에 사는 이웃들의 잦은 보살핌 때문이라는 사실을 밝혀냈다. 생후 24개월 미만의 아이에게는 누군가의 사랑, 관심 그리고 보살핌이 중요하다. 하지만 3~4세 아이는 부모와의 관계 이외에도 다른 사람들과 공감하거나 소통할 수 있는 환경이 주어져야 한다. 부모가 아이에게만 관심을 가지면 아이의 인지력과 창의력은 오히려 떨어질 수 있다. 아이의 자기주도성과 자아 형성을 방해하기 때문이다. 부모와 아이가 너무 붙어 지내면 부모는 아이의 안전을 위해 움직임을 제한해 창의성 발달을 지연시킬 수 있다.

    인간은 다른 동물들과 달리 새로운 프레임을 만들어 삶을 유지해왔다. 다른 동물들이 피부를 바꾸고 근육을 발달시키고 시각이나 청각 등을 자연 환경에 적응시키는 방법으로 환경과 자신을 하나로 조화시키며 생존해왔다면, 인간은 환경에 적응하는 쪽을 택하기보다는 환경을 자신에게 맞춰 변화시켰다. 추위와 더위를 견딜 수 있는 옷을 만들고, 할 수 없는 일을 해낼 도구를 만들었다. 단순하게 기술을 사용하고 반복하는 것이 아니라 상상하고 꿈꾸는 가운데, 환경을 변화시키고 바꿈으로써 자기주도적인 프레임을 만들어낸 것이다.

인간은 과학적 사고를 통해 보편적 질서를 관찰하고 각종 현상과 인간의 행동들을 측정하고 표준을 찾아냈다. 또한 일정하게 반복되는 패턴을 유형화해 보편적 질서를 파악하고 변형했다. 또한 예술적 감각을 이용해 개인과 사회, 문화를 기본 대상으로 시각을 변화시키고 표현했다. 인간은 자기주도적으로 환경을 바꾸고 문제를 해결했다.

아이 역시 마찬가지다. 아이는 위험을 무릅쓰고 무엇인가를 시도한다. 문제를 해결하기 위한 새로운 아이디어를 끊임없이 떠올린다. 현대는 사회가 극변하고 새로운 정보가 자꾸 쏟아져 나오기 때문에, 어제의 해법으로는 오늘의 문제를 해결할 수 없다. 요즘같이 빠르게 변화하는 세상에 아이가 적응하기 위해서는 환경에 순응하는 것이 아니라 자기주도적으로 환경을 변화시키고 바꾸어야 하는 것이다.

자기주도성의 습관

아이는 누구나 처음에는 아침에 일찍 일어나기, 유치원에 지각하지 않기, 책상에서 공부하기, 정기적으로 그림책 읽기 등을 의식적으로 결정한다. 그러나 시간이 지나면 의식적인 선택이 줄어들고, 거의 모든 행동을 습관적으로 행한다. 이런 현상은 신경학의 자연스러운 결과로, 핵심 습관을 잘 만들면 아이의 행동 패턴이 긍정적인 방향으로 바뀐다.

더구나 습관은 아이를 결정의 피로에서 보호해준다. 결정의 피로란 계속되는 판단과 결정으로 정신이 피곤해지는 현상을 말한다. 어떤 행동이 되었든 그것이 자동적으로 이루어지게 되면 아이에게는 그만큼 다른 생각을 처리할 이유가 주어지는 셈이다.

이는 비단 육체적 행동에 국한된 현상만이 아니다. 정신적 일상도 마찬가지다. 반복되는 일상은 간편하게 그리고 무의식적으로 이루어지기 때문에 고도의 정신 활동과 관련된 스트레스를 줄여준다. 생명이 위급한 환자 앞에서 응급실 의사들이 침착하게 행동할 수 있는 것도 수년간 되풀이되는 상황에 익숙해진 덕분이다.

습관은 아주 어린 시절부터 형성된 규칙성과 자율성의 집합이다. 평생을 공부해야 하는 요즘 시대에 그만큼 습관의 중요성이 강조될 수밖에 없다. 아이의 몸에 밴 습관이 학업 성취도, 나아가 인생 전체와 연결된다는 사실을 파악하고 일찌감치 규칙적이고 자율적인 생활을 익히게 해야 한다. 이렇게 어린 시절에 만들어진 생활 습관은 학령기, 청소년기, 성인기까지 이어진다.

자기주도성도 마찬가지다. 자율 학습은 아이 스스로 하고 싶은 공부를 하는 것이고, 자기주도 학습은 스스로 학습 목표를 세우고 학습 진도를 점검하고 학습 문제가 무엇인지를 평가하며 해결하는 것이다. 자기주도 학습은 자신의 학습 계획에 따라서 공부의 시간과 양, 방법을 결정하고 실행하기 때문에 자습 시간이나 수업 시간과 같은 외적인 형식으로 판단하는 것이 아니다. 같은 시간을 쓰더라도 자기 목표를 달성하기 위해 시간을 조절하며 자신이 원하는 공부에 정진해 좋은 결과를 낸다면 자기주도 학습인 것이다.

아이는 어릴 때부터 자기주도적으로 키워야 한다. 아이가 자기주도적으로 지적인 탐구를 하면 도파민 회로와 함께 좌뇌적 언어와 논리가 더 빨리, 더 강하게 계발된다. 좌뇌 전두엽이 발달해 더 긍정적이 되고, 회복탄력성이 높아진다. 이것이 습관으로 이어져야 한다.

배움이 느린 아이의 자기주도성을 키우는 법

환경적인 문제가 없는데 공부를 아무리 시켜도 안 되는 아이는 두뇌에서 받아들이는 기능에 문제가 있다고 볼 수 있다. 두뇌의 정보 처리 과정에는 감각기관의 기능, 지능, 집중력, 좌우 뇌의 균형 발달, 전두엽의 실행 기능과 작업 기억 능력, 변연계의 정서 조절 기능, 운동 피질, 기저핵, 소뇌의 출력 조절 기능 등이 포함된다. 자기주도 학습은 '정보 입력-정보 처리-정보 출력'의 정보 처리 과정이 제대로 가동되어야만 할 수 있다.

아이 스스로 결정하게 하자

자기주도성은 선택을 통해 키워진다. 먼저 아이가 좋아하고 즐겁게 할 수 있는 일을 선택하게 하자. 자기주도성이 부족하면 행복 호르몬으로 불리는 세로토닌과 의욕 호르몬으로 불리는 도파민이 먼저 감소한다. 특히 자기주도성에 중요한 역할을 하는 도파민이 부족하면 무기력에 빠지게 된다.

일단 저지르게 하자

행동하지 않는 생각이나 아이디어는 의미가 없다. 환경을 변화시키고 바꾸려면 끈질긴 저항에 부딪힌다. 수많은 장애를 극복하려면 믿음과 의욕이 있어야 한다. 그러기 위해서 부모는 아이가 일단 저지를 수 있는 기회를 많이 만들어주어야 한다. 일단 저지르면 몰입할 수 있고 몰입하면 좌절을 극복할 기회가 생기며 성취를 이룰 수 있다. 그러면 도파민 시스템은 더욱 강화된다.

경계를 허물어주자

경험이 많은 부모는 아이의 한계를 인식하고 울타리를 만들려고 한다. 그러나 그 울타리 때문에 아이는 틀을 깨지 못할 수 있다. 아이는 감수성이 예민하면서도 부모의 힘과 권위를 인정하려고 하기 때문에 사소한 경계라도 아이의 뇌에 각인될 수밖에 없다. 부모가 만들어준 울타리는 효율성이 있고 안전할지는 모르지만 이후 현실 체험의 범위와 방향을 주도하기 때문에 기발한 생각과 체험을 하기 어렵게 만든다. 부모의 시각으로 울타리를 만들면 아이는 자신의 시각으로 세상을 보기보다는 부모의 시각으로 세상을 보고 판단하기 쉽다.

경험하게 하자

자기주도적으로 감각적 체험을 많이 한 아이는 그 감각으로 의미를 만들기 때문에 기억도 잘하고, 몸의 감각과 함께 한 활동은 무의식적인 기억력을 강화시키기 때문에 창의력 발달에도 도움이 된다. 따라서 아이는 시도와 실패를 많이 해야 한다. 아이가 기어 다니다가 일어서서 걸으려면 1,000번을 넘어져야 한다고 한다. 넘어지는 다양한 경험을 통해 아이는 나름의 걷는 방법을 터득할 것이다. 여러 번 시도하는 과정에서 창의적인 변형이 가능해지는 것이다. 부모가 가르쳐주는 것만으로는 충분하지 않다. 새로운 것을 습득하려면 스스로 지식과 경험을 적절히 조작하고 모방하고 재생산해야 한다. 아이는 세상의 모든 것에 대해 다 알고 싶어 하고, 경험하고 싶어 한다.

과잉보호는 하지 말자

부모가 온통 아이에게만 관심을 쏟으면 아이의 사고력과 창의력은 오히려 떨어진다. 아이의 자아 형성과 자기주도성을 방해하기 때문이다. 부모는 안전을 위해 아이의 모험심을 제한한다. 따라서 부모가 과잉보호하면 아이는 역경을 극복하려는 의욕이나 좌절하지 않고 다시 시도할 수 있는 면역력을 키우지 못한다. 위험하지 않은 수준에서 아이 나름대로 흙도 먹어보고, 벌레에게 물려보고, 넘어져서 다쳐봐야 한다.

너무 빨리 해결해주지 말자

아이에게 닥치는 문제들을 너무 빨리 해결해주면 엔도르핀이 주도하는 오피오이드 시스템은 안정이 되지만 도파민 시스템은 발달하지 못한다. 도파민 시스템이 발달하려면 자기효능감이 필요한데, 이 자기효능감은 아이가 불편한 것을 열심히 표현하고 부모가 그 불편함을 천천히 해소해주었을 때 형성된다. 아이는 불편한 상태에서 생각할 시간이 있어야 한다. 아이가 운다는 것은 무엇인가를 생각하고 있다는 뜻이다. 그런데 너무 서둘러서 그 울음을 멈추게 하면 충분히 생각할 기회를 잃고 인내력도 자라지 않는다. 생후 24개월 이전에는 아이의 불편을 빨리 해결해주어 부모와의 신뢰감이 만드는 오피오이드 시스템을 발달시켜야 하지만 생후 25개월 이후에는 자기효능감의 돌파구를 형성할 수 있게 도파민 시스템을 발달시켜야 한다.

Chapter 4

○○이 부족하면
학습 부진으로
이어진다

습관이 만들어지지 않은 아이

한 금융회사에서 자산이 10억 원 이상 되는 400명의 생활 습관을 알아본 적이 있다. 그들은 평균적으로 새벽 6시 18분에 일어나서 밤 11시에 잠드는 생활을 하고 있었다. 대다수가 일찍 자고 일찍 일어나는 습관을 가지고 있었다. 그들 중 67.5%는 일주일에 한 번 이상 헬스클럽에서 운동을 했는데, 시간과 요일이 정해져 있었다. 그리고 81.2%는 1년에 1회 이상 정기적으로 건강검진을 받고 있었다.

습관의 힘

아이는 어떤 시점에서는 습관을 의식적으로 결정하지만, 나중에는 무의식적으로 반복한다. 우리는 이미 습관의 특성에 대해 잘 알고 있다. 습관은 어떤 상황에서 무의식적으로 자극을 받고, 우리는 그 습관에 거의 통제력을 발휘하지 못하며, 습관 그 자체에서 비롯되는 감정은 거의 없다는 사실을 안다.

습관과 자부심에 대한 실험에서 참가자들에게 자신의 습관에 어느 정도 지배 능력을 갖고 있다고 느끼는지 물었다. 그러자 비습관적 행동보다 습관적 행동을 행하는 이유를 모르는 사람이 많았고, 비습관적 행동에 비해 습관적 행동이 자신이 처해 있는 상황이나 주위 사람들로부터 영향을 덜 받는다고 생각하는 사람도 있었다.

우리가 같은 행동을 반복해서 하는 것은 예전에 그런 행동을 했기 때문이다. 예전에는 아이가 어떤 행동을 하는 데 당위성이 있었는지 모르지만, 지금 다시 살펴보면 더 이상 그 당위성을 가지고 있지 않을 수도 있다. 아이의 욕구나 행동의 형태가 아이가 모르는 사이에 바뀔 수도 있기 때문이다. 하지만 그런 사실은 쉽게 감춰진다. 아이가 무의식적으로 자신의 결정을 스스로에게 합리화하기 때문이다.

다른 실험에서는 아시아계 미국인 참가자들에게 수학 시험을 보게 했다. 그리고 시험을 보기 전 일부 참가자들에게 아시아계 사람들에 대한 고정관념을 자극하는 단어들을 보여줬다. 이 조작은 10분의 1초도 안 되는 짧은 시간 동안 스크린 위에 단어를 띄우는 방식으로 이루어졌다. 10분의 1초는 의식적

으로 인지하기에는 너무 짧은 시간이지만. 무의식이 인식하기
에는 충분한 시간이다. 실험에서는 '아시아', '차이나타운', '홍콩'
등의 단어들을 보여줬다. 그리고 나머지 참가자들에게는 아시
아계 사람들에 대한 고정관념과 무관한 단어들을 보여줬다. 결
과는 아시아계 사람에 대한 고정관념을 무의식적으로 받아들
인 참가자들이 더 많은 문제를 풀려고 시도한 것으로 나타났다.
고정관념을 주입시키자 더 열심히 하려는 의욕이 생겨난 것이
다. 생각의 습관이 의지의 습관을 자극했다.

　미국의 심리학자 윌리엄 제임스는 우리의 삶이 습관 덩어
리라고 말했다. 부모는 아이를 위해 매일 반복하는 선택을 신
중하게 생각하고 결정한 결과물로 여기겠지만, 실제로는 그렇
지 않다. 대부분의 선택은 습관이다. 하나하나의 습관이 그 자
체로는 상대적으로 큰 의미가 없지만 매일 어떤 음식을 먹는지,
얼마나 자주 운동하는지, 집 안을 어떻게 정리하는지, 아이에게
무슨 말을 하는지, TV를 보는 데 얼마나 시간을 소비하는지, 언
제 잠자리에 드는지 등이 결국에는 건강과 생산성과 아이의 공
부 습관과 행복에 엄청난 영향을 미친다. 듀크대학교에서 실시
한 연구에 따르면 우리가 매일 행하는 행동의 40%는 의사 결정
의 결과가 아니라 습관이라고 한다.

　심리학자 웬디 우드는 아직 습관의 대부분이 뿌리내리지
못한 사람들을 대상으로, 그들이 습관이라고 부를 수 있는 행

동에 시간을 얼마나 할애하는지 조사했다. 참가자들 모두 학생이었기 때문에 가장 큰 항목은 공부와 관련된 행동이었다. 수업참가, 독서, 도서관 가기 등이 일기에 기록된 내용의 32%를 차지했다. 그리고 그 행동 중에서 3분의 1 정도가 습관으로 분류되었다.

그다음으로 많은 부분을 차지한 행동은 오락이었다. 참가자들은 깨어 있는 시간의 14%를 오락에 할애했다. 오락에는 TV 시청하기, 인터넷 사용하기, 음악 듣기 등이 포함되었는데, 그중에 54%가 습관적인 행동으로 분류되었다.

그다음은 사회적 상호작용으로, 깨어 있는 시간의 10%를 차지했으며 그중 47%가 습관적인 행동으로 분류되었다. 습관적인 행동의 비율이 가장 낮은 항목은 청소로 21%에 불과했고, 습관적인 행동의 비율이 가장 높은 항목은 수면과 기상으로 81%에 달했다.

배움이 느린 아이에게 습관을 들이는 법

한 가지 명심해야 할 점은 부모 훈련을 포함한 행동 치료는 적절히 시행되고 유지될 때에만 효과가 있다는 것이다. 부모가 배운 효과적인 기법들을 지속적으로 적용하지 않는다면, 아이의 개선된 행동도 유지되지 않는다. 아이가 작은 발전을 보이고 있는 동안이라도 일관성 있게 원칙을 유지하는 것이 중요하다.

부모가 지치고 실망할 때, 도무지 무엇을 시도해야 할지 모를 때, 아이가 그를 위해 노력하는 것은 얼마나 더 힘들지 생각해보자. 긍정적으로 생각하고, 필요한 경우에는 전문가의 도움을 구하자. 부모에게 도움을 주고, 아이가 이루어낸 발전을 유지하고 재발을 방지하는 데 유익한 방법을 제공하는 훌륭한 프로그램들이 많다.

일단 좋은 습관을 들이면 모든 것이 쉬워진다. 매일 아침 뇌와 끝없는 싸움을 벌이는 대신 자동적으로 일어날 수 있고, 몸에 좋은 음식으로 아침 식사를 먹을 수 있고, 운동을 할 수 있다. 거의 노력을 들이지 않고도 자기에게 좋은 일들을 스스로 할 수 있게 된다. 부모의 역할이란 그만큼 중요한 것이다. 부모가 아이의 생각, 대화 방식, 식생활, 수면 습관의 역할 모델이 되는 것이다.

급격하게 변화시키지 말자

부모가 너무 급하게 아이 행동의 변화를 추구하면 실패하기 쉽다. 너무 느긋하게 행동의 변화를 추구해도 사정은 마찬가지다. 성공적으로 아이의 습관을 바꾸려면 예전 습관을 없애버리기보다는 새로운 습관을 익히게 하는 방식이 좋다. 아이는 오랜 시간에 걸쳐 서서히 새로운 습관을 들이지만 이미 몸에 밴 습관도 그대로 유지한다. 몸에 밴 습관과 새로운 습관이 같이 있을 때 부모, 친구 혹은 환경의 관계도 그대로 유지된다.

환경에 변화가 있을 때 습관을 바꿔주자

아이가 TV 시청을 줄이고 운동 시간을 더 늘리기 원한다면 환경이 바뀌었을 때 변화를 시도하는 것이 성공률이 높다. 그것은 새로운 환경이 우리의 오래된 습관에 익숙한 신호를 주지 못하기 때문이다. 특정한 신호가 없으면 우리의 자동성은 자연스럽게 작동하지 못하고, 대신 의식이 할 일을 지시하게 된다. 그래서 환경이 바뀌면 한동안은 마치 여행하는 것 같은 기분이 든다. 익숙한 일상에서 벗어나 자신의 행동에 대해 계속 의식적으로 생각하기 때문이다.

습관을 인식하게 하자

아이의 습관을 고치려면 아이 스스로 습관에 대한 인식부터 해야 한다. 이때는 아이의 모습을 찍은 영상을 활용한다. 영상을 통해 그런 습관을 유발하는 내적 혹은 외적 요인에 대해 아이가 생각하게 하자. 좋은 습관이든 나쁜 습관이든 자기 습관을 인식하고 그 습관에 대해 생각하는 것은 누구에게나 도움이 된다. 여기서 중요한 것은 습관을 행하게 만드는 상황을 알아차리는 것이다. 언제 그 습관이 나타나는지 알지 못하면 습관을 바꾸기는 결코 쉽지 않다.

다른 행동을 학습하게 하자

아이의 습관을 고치려면 나쁜 습관을 조금 덜 나쁜 습관으로 바꿔야 한다. 예를 들어 틱을 앓는 사람들은 눈을 깜박이거나 고개를 한쪽으로 휙 돌리는 행동을 하는데, 그런 행동을 조절하기 위해 목 근육의 긴장을 풀 수 있는 다른 행동을 학습한다. 그리고 코를 킁킁대는 아이의 경우에는 입으로 깊이 호흡하는 훈련을 한다. 시간이 날 때마다 스트레칭을 하면 코를 킁킁대는 습관이 저절로 없어질 것이다.

작은 습관부터 시작하게 하자

작은 습관부터 시작하면 행동을 우선하게 되며, 작은 습관이 큰 습관으로 확장된다. 아이의 뇌를 한 번에 바꾸려고 하면 가지고 있는 에너지를 모두 써야 한다. 그런데 작은 습관은 에너지를 별로 쓰지 않고도 뇌를 달랠 수 있다. 쉬워서 빼먹지 않고 매일 할 수도 있다. 그렇게 하면 서너 번을 더 해도 상대적으로 하기 쉽고, 그쯤 하면 계속하고 싶은 마음이 생긴다.

양보다 일관성에 집중하게 하자

높은 목표를 가지고 달성량에 큰 기대를 거는 대신 일관성에 기대와 에너지를 모두 쏟게 하자. 인생에서 가장 강력한 도구는 바로 일관성이다. 그것이야말로 어떤 행동이 습관으로 자리 잡을 수 있는 유일한 길이다. 매일 하는 행동이 습관이 될 때, 비로소 아이는 뇌에 맞서 싸우지 않고 뇌와 힘을 합칠 수 있다.

수면 문제가 있는 아이

수면 부족이 학습 부진으로

밤이 깊어가는데, 아이의 눈은 갈수록 말똥말똥하다. 늦은 시간에도 하품을 하기는커녕, 여전히 힘이 넘친다. 10시에 재우기 시작해도 12시에 겨우 잠이 드는 아이와 벌이는 신경전 덕분에 지쳐 잠드는 것은 부모의 몫이다.

***

배움이 느린 아이들 중에는 이처럼 잠투정 때문에 매일 밤 전쟁을 치르는 아이가 적지 않다. 재우려고만 하면 온갖 짜증과 핑계를 대며 잠자리에 들기를 거부하는 아이, 늦게 겨우 잠이 들어도 자주 뒤척이고 잠을 설치는 아이라면 수면 습관을 점검해야 한다. 단순한 잠투정이라고 안심해서는 안 된다. 취학 전 아이가 수면이 부족하면 산만해지고 충동적이 되고 짜증이 많아지고 결국 학습 부진으로 이어질 수 있다. 한 연구에 따르면 전 세계 아이 5명 중 1명이 수면 장애를 가지고 있으며, 우리나라 역시 최근에 불면증을 호소하는 아이들이 늘고 있다.

뇌과학자들은 아이의 수면 습관이 부모의 수면 습관과 거의 일치한다고 말한다. 부모는 아이에게 일찍 자고 일찍 일어날 것을 요구하지만, 부모가 그런 습관을 가지고 있지 않다면 아이가 일찍 자고 일찍 일어나기는 어렵다. 배움이 느린 아이에게는 취학 전에 수면 습관을 들여주는 것이 중요하다. 수면 습관도 꾸준함이 필요하다. 아이와 매일 반복적으로 하면 습관이 된다. 작은 습관이 모이면 큰 습관이 되고, 큰 습관이 아이의 인생을 성공으로 이끌 것이다.

수면의 뇌과학

성장호르몬만이 아니라 모든 생리 리듬은 시간적, 계절적, 환경적 특성에 민감하다. 해가 져서 어두워지면 망막세포의 자극으로 멜라토닌이라는 호르몬이 왕성하게 분비되고, 체온이 낮아지고, 잠이 드는 것이다. 멜라토닌은 체온을 낮추어 잠을 유도하는 최면과 진정 작용을 한다. 또한 몸의 세포가 산화되는 것을 막는 항산화 작용을 하면서 신체의 노화를 늦춘다.

그렇다면 빛과 호르몬의 관점에서 아이의 수면에 가장 좋은 환경은 무엇일까? 아이는 하루 동안 수면과 각성을 일정한 주기로 반복한다. 이 일정한 주기를 수면의 일주기 리듬이라고 하는데, 아이 몸의 기초 체온이나 호르몬의 주기 등도 이 일주기 리듬을 따른다.

일주기 리듬에는 눈으로 들어오는 빛이 가장 중요한 역할을 한다. 아이들 대부분은 일주기 리듬에 따라 저녁에 잠들고 아침에 일어난다. 따라서 잠을 잘 자려면 낮에 햇빛을 많이 받고 밤에는 빛을 차단해야 하며, 체온이 낮아지게 실내 환경도 시원해야 한다. 불을 켠 상태에서 잠을 자면 멜라토닌이 줄어들기 때문에 숙면을 취할 수 없고, 성장에도 바람직하지 않다.

외부 빛 차단은 물론 TV 전원 버튼 빛까지 차단하는 깜깜한 환경이 중요하다. 아주 작은 불빛도 수면을 방해하기 때문이다. 자는 동안 빛에 방해받지 않는 것은 수면의 질을 결정하는 매우 중요한 문제다. 만약 조금이라도 빛이 들어오는 곳에서 잔다면, 멜라토닌 수치가 낮아질 것이다. 조도가 낮은 조명이라도 멜라토닌 수치를 낮춘다. 하지만 어둠 속에서도 충분히 자지 못하면 멜라토닌 수치가 낮아진다.

배움이 느린 아이의 수면 문제

취학 전 아이들은 저녁 7시에서 9시 사이에 취침을 하고 오전 6시 30분에서 8시 사이에 잠에서 깬다. 4세가 되면 낮잠을 생략하기도 하지만 많은 아이가 낮잠을 잔다. 낮잠은 개인차가 커서 1시간 자는 아이도 있고 2시간 자는 아이도 있다. 낮잠 시간과 취침 시간은 아이에 맞춰 합리적으로 정하되 잠자리에서 이루어지는 일상생활은 규칙을 지켜야 한다.

취학 전 아이들은 잠을 규칙적으로 자는 편이지만 가끔 밤에 일어나서 심하게 울 때가 있다. 시기적으로 또래와 어울리며 바깥에서 보내는 시간이 많기 때문에 거기에서 오는 심리적 긴장이 원인일 수 있다. 그리고 취학 전 아이들은 일반적으로 밤을 무서워한다. 번개를 동반한 심한 폭우, 개 짖는 소리, 커다란 트럭, 그 밖의 일들이 아이들을 두려움에 빠뜨린다. 밤에 대한 두려움 때문에 심각한 수면 장애가 생기기도 한다. 자다가 자연스럽게 부분 각성 상태가 될 때도 있는데, 그때 스스로 다시 잠들지 못하고 완전 각성 상태로 바뀌면 침대 밖으로 나오게 된다.

일반적으로 이 시기의 아이들은 잠을 잘 자고 수면 부족을 호소하는 경우는 거의 없다. 그러나 야경증이나 수면보행증 같은 사건 수면도 드물지 않다. 주로 문제가 되는 것은 아이를 잠들도록 설득하는 것이다.

아이들은 왜 수면 부족이 될 정도로 밤늦게까지 깨어 있는 것일까? 일본의 학교보건회가 실시한 연구에 의하면 아이들이 밤늦게까지 깨어 있는 이유는 '이유 없이', '가족이 늦게 와서'가 가장 많았고, 반면에 '공부하느라', 'TV를 봐서' 등의 이유는 적었다.

우리나라 아이들의 불면증 원인은 잘못된 수면 습관이다. 특히 부모와 떨어져 자야 하는 상황에서 오는 분리 불안, 캄캄한 밤에 대한 공포에서 2차적으로 형성된 불면증이 가장 많다.

그러므로 아이의 수면 습관과 생활 습관을 바로잡아주고, 부모의 습관과 행동 스케줄을 조정하는 것이 가장 선행되어야 한다. 규칙적인 취침과 기상 시간, 조용하고 어두운 침실, 산만하지 않은 분위기가 중요하다. 일정한 취침 의식도 수면 문제를 해결하는 데 도움이 된다. 낮 시간의 스트레스로 인해 아이에게 수면 문제가 생길 수 있는데, 그럴 때 부모는 관심을 가지고 아이가 스트레스에 대해 말할 수 있게 이끌고, 안심시켜야 한다.

배움이 느린 아이의 숙면을 도우려면

취침 시간을 일정하게 하자

아이의 숙면에 가장 효과적인 방법은 매일 같은 취침 일과를 반복하는 것이다. 같은 일과를 반복하면 뇌에서 옥시토신이나 멜라토닌 호르몬이 분비된다.

아이의 수면 시간은 대부분 일정하므로 일찍 일어나게 하려면 일찍 잠자리에 들게 하고, 늦게 일어나게 하려면 늦게 잠자리에 들게 해야 한다. 부모가 일주일간 아이의 수면 시간을 체크하고, 계속해서 같은 시간에 잠들도록 해야 한다. 부모가 자는 습관을 바꾸어서라도 아이가 일정한 시간에 일어나고 자는 습관을 들이도록 해야 한다.

자기 전에 TV는 보지 않게 하자

아이가 가장 좋아하는 영상을 보면서 잠들게 하면 소중한 수면 시간을 30분 정도 잃을 수 있다. 수면 부족은 다음 날 아이의 기분과 행동에 많은 영향을 미친다. 반드시 수면 위생에 신경을 써야 한다. 잠들기 1시간 전에는 TV를 보게 해서는 안 된다. 유튜브도 마찬가지다. 되도록 잠들기 1시간 전에는 끄는 게 좋다. 아기가 흥분할 수 있는 놀이나 장난도 하지 않아야 한다. 또한, 잠들기 1시간 전에는 과식이나 위에 자극적인 음식 섭취를 피해야 한다.

선풍기 등에서 나오는 백색소음을 이용해 집 안이나 집 밖에서 나는 소리를 차단하는 것도 도움이 될 수 있다. 자기 전 가벼운 목욕, 부모의 속삭이는 소리, 나지막한 자장가, 조용히 읽어주는 옛날이야기, 촉감이 부드러운 인형은 아이의 불안감을 줄이고 자연스럽게 수면을 유도한다. 부모가 같이 자면서 부스

럭거리는 소리나 몸 움직이는 소리가 아이를 깨게 할 수 있으므로 조금 떨어져서 자는 것도 하나의 방법이다.

아이가 자라도 취침 의식을 지키게 하자

아이가 성장하면 할수록 계속 취침 의식을 따르는 것이 피곤하게 느껴질 수 있다. 그러나 아이의 마음을 진정시키고 기분 좋게 만들어주는 취침 의식은 아이의 숙면을 돕는 매우 중요한 과정이다. 성인의 경우에도 매일 밤 긴장을 푸는 과정을 거친 후 잠자리에 들면 숙면을 취하는 데 도움이 된다.

하루 종일 바쁘게 움직이는 아이들에게 곧장 침대에 들어가서 자는 것은 매우 힘들고 어려운 일이므로 취침 의식이 꼭 필요하다. 아이를 재울 때는 취침 의식을 정하고 계속 반복하는 것이 좋다. 아이를 위한 취침 의식은 어떤 것이라도 좋다. 책 읽기, 음악 듣기 등 아이가 좋아하는 일들로 순서를 정해 매일 밤 같은 시간에 일관성 있게 하는 것이 가장 중요하다.

책 읽어주기도 아이의 정서를 안정시키는 좋은 습관이다. 잠자리에 들기 전, 아이와 함께 그날 있었던 이야기를 주고받으며 마음을 편안하게 하는 시간을 갖자. 그리고 아이가 좋아하는 그림책을 읽어주자. 그림책 읽어주기의 효과를 높이려면 해마가 활동적으로 일을 하기 직전, 즉 잠자기 직전에 읽는 것이 가장 좋다. 그러면 아이가 잠을 자는 동안, 특히 렘수면 기간에 읽은 내용이 해마에서 반복적으로 학습되어 장기 기억으로 저장될 수 있다. 뿐만 아니라 잠자는 동안 해마의 기억이 정리되면 뇌는 깨끗한 상태가 되어 다음 날 아이를 창조적이고 의욕적이게 한다. 수면은 아이에게 없어서는 안 될 정말 중요한 활동이다.

조명을 관리하자

깜깜한 환경에서 두려움이나 불안을 느끼는 아이를 위해 조도가 낮은 조명을 켜는 부모가 있다. 두려움이나 불안을 줄여주기 위한 방안이지만 숙면을 취하게 하거나 멜라토닌을 높이는 데는 효과적이지 않다.

아이가 어릴 때는 완전히 깜깜한 방에서 재우는 편이 훨씬 좋다. 다만 아이가 성장하면서 어두움에 대한 두려움이 생기면 약간의 불빛으로 어두움에 대한 두려움을 달래줄 수 있다.

어두움에 대한 두려움은 아이가 한밤중에 깨거나 어두운 곳에서 잠을 자야 할 때 일어난다. 울거나 큰소리를 지르거나 여러 형태로 항의와 같은 적절한 불쾌감을 표현할 것이다. 심장 박동이나 맥박이 빠르게 뛰는 것을 포함해서 불안에 대한 여러 가지 반응이 나타날 수도 있다. 어두움에 대한 두려움의 일반적인 원인은 눈에 익은 가구들과 사람들이 한밤중에 보이지 않는 데 있다.

아이의 방에 전등불을 끄고 나서 익숙한 물체들이 어둠 속에서 보여지는 모양을 하나씩 확인시켜 주자. 아이의 방문을 열어두고 작은 등을 켜서 아이가 아주 깜깜한 방에 있지 않도록 만들어주는 것도 좋다. 그리고 아이가 완전히 잠이 든 뒤에 등을 끄면, 아이의 불안함은 훨씬 줄어들 것이다. 이러한 부모의 작은 관심과 배려는 아이가 홀로 서는 데 큰 도움이 된다.

낮잠을 많이 재우지 말자

취학 전 아이는 하루에 한 번 정도 낮잠을 자거나 낮잠을 생략한다. 일반적으로 낮잠은 30분에서 2시간 정도 자는데 30분보다 적거나 2시간이 넘는 낮잠은 바람직하지 않다. 낮잠 시간이 30분보다 적으면 효과가 없고, 2시간을 초과하면 밤 수면에 영향을 준다. 또 오후 4시 이후에 자면 불면증의 원인이 될 수 있다. 낮에는 많이 놀게 하고 활동적인 놀이를 하게 하는 것이 숙면에 도움이 된다. 신체적 활동량이 많으면 많을수록 아이는 피로를 빨리 느끼고 잠도 깊이 잔다.

낮에 햇볕을 충분히 쬐게 하자

아이는 낮에 햇볕을 쬐면 저녁에 잠을 잘 자는데, 그 이유는 햇빛이 세로토닌 분비를 돕기 때문이다. 세로토닌은 햇볕을 쬐면 높아지는데, 이 세로토닌이 생체리듬에 관여하는 멜라토닌의 재료가 된다. 세로토닌이 부족하면 아무리 잠을 자도 멜라토닌이 잘 생기지 않는다. 햇빛과 비슷한 조도의 강한 조명을 쬐는 것은 세로토닌을 생성하지 못하게 하고 멜라토닌 분비를 저하시키기 때문에 수면에 효과가 없다. 한 연구에 의하면 아이가 햇볕을 쬐며 규칙적으로 야외에서 뛰어놀면 멜라토닌이 10배 이상 생성되는 효과가 있다고 한다. 그러므로 낮에는 실내에만 있지 말고 아이와 함께 바깥으로 산책을 나가자.

시간관념이 없는 아이

학교에 가면 하기 싫어도 참고 해야 하는 규칙이 생긴다. 유치원 때는 가끔씩 등원이 늦어도 괜찮았지만 학교는 정해진 시간에 등교해야 하고 수업 시간과 쉬는 시간이 명확해 수업 중에 화장실에 가고 싶어도 참을 줄 알아야 한다. 이렇게 학교의 제도화된 규칙이 유치원 생활에 익숙한 아이에게 긴장과 불안을 일으킬 수 있다.

늦지 않게 등교하려면 유치원 때보다 1시간 일찍 일어나고, 스스로 옷을 입고, 화장실에서 볼일을 보고, 가방을 챙기는 준비도 해야 한다. 학교에서는 교사의 말을 잘 들어야 하며, 급식 시간에는 제시간에 식사를 마쳐야 한다. 또한 매일 정해진 시간표대로 귀 기울여 수업을 들어야 하고, 수업이 끝나면 방과 후 학교나 학원에 가고, 집에 돌아와서는 학습지 풀기, 숙제하기, 일기 쓰기 등의 일과를 마쳐야 한다. 시간 관리가 중요한 때가 된 것이다.

아이의 시간과 부모의 시간은 다르게 흐른다

배움이 느린 아이에게 시간 관리가 잘 되지 않는 건 아이에게 시간관념이 없기 때문이다. 시간을 정하고 계산하는 일은 추상적 사고가 필요한데, 배움이 느린 아이는 중학생이 되기 전까지는 시간관념이 잘 잡히지 않을 수 있다.

뇌는 새로운 경험을 할 때 시간이 느리게 간다고 인식하기 때문에 경험이 많은 부모는 시간이 빨리 간다고 느끼고, 경험이 부족한 아이는 시간이 천천히 흘러간다고 생각한다. 따라서 아이에게는 다가올 미래가 다급하게 느껴지지 않는다. 다단계 지시 사항에 맞닥뜨렸을 때 갈피를 못 잡거나, 산만하거나, 심지어 자기 파괴적인 행동을 보이는 이유가 여기에 있다. 배움이 느린 아이는 아직 순서 기억력이 충분히 발달하지 않았기 때문에 부모는 지시 사항을 되풀이해주고, 내용을 잘 모를 때는 물어보라고 아이를 격려해야 한다.

배움이 느린 아이는 흔히 늦잠을 자거나 해야 할 일을 제시간에 하지 않는다. 이러한 습관은 게으름처럼 하기 싫은 본능에서 비롯된다. 아이가 좋은 습관을 가지고 있다는 것은 하기 싫은 본능을 넘어서는 실행력을 가지고 있다는 뜻이다. 따라서 아이가 시간 관리를 하려면 목표를 세운 후에 세부 계획을 짜야 한다. 아이에게는 주간계획표가 적당한데, 일주일 계획을 세우고 실천한 다음 주말에 실천 여부를 평가해 다음 주 계획을 짜는 것이 좋다.

아이의 뇌는 어떤 일을 반복하다 중지하면 계속하려는 경향이 있다. 따라서 2개월 정도만 부모가 곁에서 도와주고 반복하게 하면 좋은 습관이 된다. 좋은 습관 한 가지에 집중하면 아이가 기계적으로 행하던 다른 나쁜 습관까지 다시 프로그래밍할 수 있다. 예를 들어 주간계획표를 짜고 실행하는 핵심 습관을 만들면 집중력도 좋아질 뿐 아니라 TV도 덜 보고, 바깥 운동을 더 하고, 건강에 좋은 음식을 먹으려고 애쓰게 된다. 이런 부수적 효과들은 처음에는 계획되지 않은 것이다. 요컨대 좋은 습관은 삶의 다른 부분까지 스며든다.

아이의 리듬

부모는 아이가 하루 중 언제 감정이나 행동에 동요가 있는지를 잘 보고, 기복이 없도록 스케줄을 조절해주고, 변화에 잘 적응하도록 도와줘야 한다. 예를 들어, 학교에서 돌아온 후 약

30분 정도가 되면 아이가 약간 불안정해지면서 심술을 부릴 수 있다. 그럴 경우, 그 시간이 지난 다음에 과제를 시키는 것이 바람직하다. 아이에게는 한 가지 일에서 다른 일로 이행할 때가 힘든 시간이다. 아이가 새로운 다른 일을 준비할 수 있도록 관심을 기울여주자.

그리고 아이에게는 때때로 시간의 길이가 특별하게 느껴진다. 그렇지 않아도 자신의 행동을 조절하느라, 한 번에 수 분 이상 집중을 유지하느라 애쓰는 아이에게 반복적이고도 지루한 일은 지나치게 길게 느껴진다. 부모가 친구와 이야기하는 동안 조용히 앉아 있거나 몸을 거의 움직이지 않고 가만히 있어야 하는 모임에 참석하는 일, 어질러진 방에 있는 장난감들을 한 번에 다 치우는 일 등은 시켜도 십중팔구 실패해서 벌만 주게 될 것이다. 재미있는 놀이도 이런 식으로 하면 힘들다.

예를 들어, 경기장에서도 많이 움직이지 않고 서 있는 시간이 많은 야구는 더 빠르고 끊임없이 움직여야 하는 축구에 비하면 아이에게 즐거운 운동이 아니다. 그런 상황들을 피하게 해주고 과제를 하는 시간을 작은 단위로 쪼개주고 아이가 책임을 다할 수 있도록 도와주자. 어떤 일을 하기에 앞서 그 일이 얼마나 걸릴지 아이에게 미리 알려주는 것도 도움이 된다.

배움이 느린 아이에게
시간관념을 가르치는 법

시작 단계를 쉽게 만들자

일단 시작해야 한다. 부모는 아이가 과제를 시작하게 하고, 과제를 마치기까지 여러 단계를 지나는 동안 아이를 도와준다. 무언가 방대하고 복잡한 일을 하려면 적은 분량으로 시작해 점차 늘려가되, 처리 가능한 순서에 따라 단계별로 나누는 것이 필요하다.

부모의 기본적인 목표는 아이가 다른 좋아하는 일을 하고 싶은 욕구를 억누르고 비록 자기가 싫어하는 일일지라도 중도에 그만두지 않고 끝까지 노력하는 법을 가르치는 것이다. 이를 위해서는 시작 단계를 매우 쉽게 만들어 아이가 그 일을 하는 것을 그다지 어렵지 않다고 느끼게 하는 동시에, 적당한 보상을 통해 첫 번째 과정을 금방 해낼 수 있도록 이끌어야 한다.

그러나 지나치게 많이 도와주면, 결국 아이가 그 일을 성공해도 스스로 해내는 능력을 기르는 데는 실패할 수 있다. 도움을 제대로 주지 않아도 문제가 된다. 아이가 그 일을 실패하는 동시에 혼자서 과제를 수행하는 능력을 기르지 못할 수 있다.

시간 감각을 익히게 하자

시간 감각이 필요하다. 그림책을 읽거나 피아노 연습을 하는 동안 정해진 시간의 반 이상이 이미 흘러가버렸다는 것을 아이가 안다면, 아이는 그 일을 끝까지 지속할 가능성이 더 커진다. 아이는 시간에 쫓기게 되면 교감신경이 활성화된다. 교감신경은 부교감신경과 함께 자율신경계를 이루는 말초신경으로, 걱정, 불안, 초조함 등 정신적으로 스트레스를 받을 때 움직인다. 이 신경이 활성화되면 뇌가 각성하면서 일시적으로 집중력이 올라가 투자하는 시간보다 능률을 높일 수 있다. 즉, 스트레스가 집중력을 높이는 긍정적인 효과를 발휘하는 것이다.

시간을 시각화하자

'눈 감고 20초 맞추기'처럼 시간이 얼마나 지났는지 체크하는 게임을 해보자. 시간이 줄어드는 모습을 시각적으로 보여주는 디지털시계를 사용한다. 아이는 생활 경험이 적기 때문에 부모가 "5분밖에 안 남았어"라고 말했을 때 '5분'이 정확히 어느 정도인지, 그 시간동안 얼마만큼의 일을 할 수 있는지 이해하지 못한다. 따라서 이렇게 일반 시계와 마감 시간을 표시한 알람을 나란히 놓으면, 스스로 남은 시간의 양을 체크할 수 있어 속도를 조절할 수 있게 된다.

시침각과 30분 단위로 시계 보는 법을 가르치자. 초등학생이라면 10분 단위로 시간을 볼 줄 알아야 한다. 아이와 함께 색종이로 시계를 만들어 시간 읽기 연습을 하는 것도 효과적이다.

스틱이나 구슬을 통에 넣고 할 일이 끝날 때마다 빼서 시각적으로 보여주자. 글이나 그림을 이용해서 지시 사항을 전달하는 방법도 좋다. 아이는 자신의 뇌가 순서에 따라 들어오는 정보에 그다지 호의적이지 않다는 사실을 알아야 한다.

시간 계획을 세워주자

시간 계획을 세울 때는 11시나 1시처럼 시간으로 기준을 잡는 게 아니라 '아빠 퇴근 전까지', '저녁 먹고 난 후'처럼 몸으로 느껴지는 시간 계획을 세운다. 시간을 관리하려면 시간을 분배하고, 계산하고, 시간의 흐름을 파악하는 능력을 두루 갖추어야 한다. 이런 능력을 갖춘 아이는 자신이 앞서는지 뒤처지는지 파악할 수 있을 뿐 아니라, 마감 시간을 맞추고 상황 변화에 적절히 대처할 수 있다.

시간 관리는 전두엽의 기능이다. 전두엽은 20대 중반까지 지속적으로 발달하기 때문에 취학 전 아이는 전두엽이 주도하는 실행 기능이 아직은 미숙하다. 따라서 실행 기능이 발달할 때까지는 시간 관리를 부모가 도와줘야 한다.

시간을 말할 줄 아는 능력은 4~7세 아이들의 시간관념을 말해주는 이정표와도 같다. 이때는 '전', '후', '까지', '때'와 같이 시간과 밀접히 관련된 어휘들을 완전히 터득해야 할 시기다. 하루 일과와 일정을 정한 후 아이가 언제 무슨 일을 할지 파악하게 하고 그 일들을 하루 일과로 받아들일 수 있도록 준비시키자. 특히 식사 시간, 취침 시간, 숙제 시간같이 매일 하는 활동 시간을 정해주는 것이 중요하다.

아이는 시간이 제한되어 있을 때 우선순위를 잘 결정할 수 있다. 제한 시간 내에 부모가 내어준 간단한 과제를 마칠 수 있으며 다른 활동을 할 시간을 내기 위해 일정을 조정할 수 있다.

시간 관리의 결정권을 아이에게 주자

아이 스스로 어떻게 할 것인지 언제, 어떤 순서로 할 것인지 선택할 수 있게 기회를 주고 아이와 협상하자. 협상을 통해 아이가 그 일을 반드시 하고 싶은 일이라고 느끼도록 해주면 자동적으로 "하기 싫어"라고 말하는 태도를 개선할 수 있다.

부모는 아이가 일주일 계획을 짜고, 마감 시간을 맞추기 위해 구체적인 계획을 세우며, 각각의 일을 언제 할지 미리 결정할 수 있도록 곁에서 도와주자. 낮에 할 일과 밤에 할 일을 목록으로 정리하게 하고, 한 가지 일을 끝마칠 때마다 표시하게 하는 것도 좋다. 모든 아이는 시간 관리에 도움이 필요하다.

아이들은 심부름을 갈 때, 휴가를 갈 때 일정이나 시간표를 짜면서 시간을 관리하는 법을 배울 수 있다. 숫자가 나오는 시계가 아니라 바늘이 움직이는 시계를 차는 편이 좋다. 쉬지 않고 움직이는 초침을 관찰하면서 시간의 흐름에 맞춰 일정한 간격에 따라 계획을 세우고 움직이는 법을 터득한다.

시간 관리 횟수를 세어보자

아이가 과제를 시작하기로 한 시간과 실제로 시작한 시간 사이의 간격을 측정한다. 예를 들면 아이가 그림책 읽기를 매일 저녁 5시에 시작하기로 부모와 약속했다면 부모는 직접 나서서 아이의 문제 행동을 지시하기 전에, 아이가 일주일에 몇 번이나 5시에 그림책 읽기를 시작하는지 횟수를 세어본다.

그리고 무엇인가를 하는 데 걸리는 시간을 측정한다. 아이가 매일 30분 동안 피아노를 연습하겠다고 약속했다면 부모는 아이의 실제 연습 시간을 측정하자. 그리고 그 약속 시간이 충분히 지켜지지 않았을 때 아이와 그 문제에 대해 논의한다. 반드시 아이가 행동한 횟수를 세어야 한다.

긍정적인 행동뿐만 아니라 부정적 행동의 횟수도 포함해야 한다. 일어나는 행동의 횟수가 상대적으로 적다면 기준을 하루로 잡을 수도 있고, 보다 빈번하게 일어나는 행동이라면 하루의 특정 시간에만 초점을 맞출 수도 있다. 시킨 일을 하기 전에 부모가 아이에게 지시를 내리는 횟수도 센다. 그리고 문제 행동의 심각성에 따라 1에서 5점 사이로 점수를 매긴다. 아이가 스트레스나 불안한 감정을 다루는 데 문제가 있다면 아이의 불안 수준에 따라 점수를 매긴다.

디지털미디어:
배움이 느린 아이가 바꾸어야 할 것

    부모는 아이가 디지털미디어에 노출되는 이유가 그것이 쓸모가 있거나 재미있기 때문이라고 생각하기 쉽다. 하지만 디지털미디어 시청 역시 습관과 관련이 깊고 무엇을 얻기보다는 그저 시간을 보내는 데 더 많이 이용된다. 시간을 보낼 때 디지털미디어를 이용한다는 것은 왜 시청하는지 그 진짜 이유를 모른다는 의미다.

    그렇다고 해서 디지털미디어가 재미도 없고, 정보도 주지 않고, 교육적이지도 않다는 말은 결코 아니다. 디지털미디어를 시청하는 행동 역시 시간이 지남에 따라 기존에 추구했던 가치에서 벗어나 무의식적이고 자동적인 습관으로 변한다는 뜻이다. 그렇게 되면 아이는 디지털미디어의 영상이 재미가 없고 흥미를 끌지 않아도 습관적으로 보게 된다.

장시간의 디지털미디어 시청은 여러 폐해를 가져온다. 먼저 디지털미디어에 시간을 빼앗겨 정서적 교류, 독서, 바깥 활동, 친구들과의 사회적 놀이, 수면, 가족과의 대화 등 여러 가지 일을 할 수 있는 시간이 줄어든다. 이것은 자기조절력, 언어력, 사고력, 운동 기능, 사교성, 창의력 저하로 직결된다. 디지털미디어에서 소리나 영상이 계속 흘러나오는 상태에서는 다른 활동을 하더라도 결코 집중할 수 없다. 아이는 집중하고 있다고 생각할지 모르지만 그것은 어디까지나 착각에 불과하다. 실제 의식의 많은 부분은 디지털미디어의 소리나 영상에 쏠릴 수밖에 없다. 따라서 디지털미디어를 틀어놓고 있으면 독서나 블록놀이를 해도 이해도가 떨어지고, 다른 놀이를 해도 집중력이 떨어지며, 가족과 대화를 해도 커뮤니케이션의 깊이가 떨어진다.

TV 시청

한 연구에서 하루에 TV가 켜져 있는 시간이 8시간 미만이며 시청 시간이 4시간 미만인 아이와, TV가 켜져 있는 시간이 8시간 이상이고 시청 시간이 4시간 이상인 아이를 비교한 결과 후자의 경우에는 언어 발달이 늦어질 위험도가 2배나 높았다. 언어 발달이 늦고 표정이 풍부하지 않으며 부모와 시신을 잘 마주치지 않아 치료를 받는 아이들 중 디지털미디어에 장시간 노출되는 아이는 디지털미디어를 보여주지 않으면 증상이 개선되는 사례가 잇달아 보고되고 있다.

거의 하루 종일 TV를 켜놓는 부모가 꽤 많다. 심지어는 손님이 왔을 때조차 TV를 끄지 않는 부모가 있다. 외출했다 돌아오면 당연하게 TV를 먼저 켜는 부모도 있다. 소리와 빛, 영상의 과잉 상태가 아이에게 지극히 좋지 않아도 어릴 때부터 그렇게 해왔기 때문에 이상하다고 느끼지 못하는 것이다.

우선 아이가 디지털미디어 앞에서 보내는 시간을 제한해야 한다. TV를 주로 보는 환경에 있으면 아이는 장난감을 가지고 놀거나 부모와 책을 읽거나 운동 발달을 위한 신체 놀이를 덜하게 된다. 그렇게 되면 TV는 아이에게 이로운 것이 아니라 지능 발달이나 운동 발달에 좋지 않은 영향을 주게 된다. TV를 보는 대신에 아이가 다른 일에 열중할 수 있는 흥미로운 공간을 만들어주는 것이 좋다.

아이에게 TV를 허용해야 한다면 부모가 아이와 함께 시청하는 것이 좋다. 이것이 TV를 의식적으로 켜고 끌 수 있는 유일한 방법이다. 또한 어떤 프로그램을 볼 것인지 아이와 함께 상의하고, 미리 어떤 프로그램을 어떤 이유에서 얼마나 시청할지 정해두는 것이 중요하다. 이를 통해 아이가 해당 매체를 책임감 있게 다루는 법을 배우게 된다. 유아용 프로그램을 매일 시청해서는 안 되며, 한 번에 30분, 하루 1시간까지만 허용하자.

부모는 최소한 아이가 무슨 프로그램을 시청하고 있는지 알아야 하며 본 것에 대해 같이 이야기할 수 있어야 한다. 아이가 자신이 본 것을 충분히 소화하지 못할 수 있으며 그에 따라 도움이 필요할 수 있다.

그리고 절대 아이 방에 디지털미디어 기기를 들여놓지 말자. 부모는 디지털미디어를 아이가 쉽게 접근할 수 없는 방에 따로 두어야 한다.

스마트폰과 태블릿PC 사용

예전에는 TV, 컴퓨터가 이런 문제의 핵심이었다면 이제는 '손안에 TV', '움직이는 컴퓨터'인 스마트폰과 태블릿PC가 강력한 위험 요소로 부상했다. 너무 어릴 때부터 노출되는 아이들이 늘고 있기 때문이다.

요즘 아이들은 태블릿PC로 공부하면서 자연스럽게 게임에 익숙해지고, 각종 앱을 통해 좋아하는 만화 캐릭터와 노는 데 익숙해진다. 그러나 이게 지나치면 본격적으로 게임에 빠져드는 계기가 되기도 한다. 게임 형식의 프로그램이 아니어도 디지털미디어의 자극 자체가 문제가 될 수 있다. '유아교육용 스마트폰 앱에 대한 부모 인식 조사'에서 부모들은 유아용 앱의 화려한 그래픽과 사운드 효과에 아이들이 가장 큰 관심을 보였다고 답했다. 아이들은 처음에는 해당 앱의 인기 캐릭터에 끌리지만, 나중에는 영상과 소리 자극에 빠져든다.

방송통신위원회와 한국인터넷진흥원이 실시한 인터넷 이용 실태조사에 따르면 우리나라 만 3~9세 아이들 중 85.5%가 인터넷을 사용하고 있는 것으로 나타났다. 하루 1회 이상 이용하는 아이도 전체의 65.8%에 이르렀다. 성장기에 디지털미디어 자극을 자주 접하면 뇌의 불균형을 초래할 수 있고, 인지 능력과 정서 능력 발달에도 바람직하지 않다. 어릴 때부터 디지털미디어를 끼고 살면 청소년기에 인터넷 중독, 게임 중독의 위험성도 커진다. 특히, ADHD 인자를 가진 아이들은 기본적으로 새로움을 쫓는 성향이 강한데, 스마트폰, 태블릿PC 등 자극이 강한 매체는 ADHD를 심해지게 할 수 있다.

교육에 관심이 많은 우리나라 부모는 좋다고 소문난 콘텐츠가 있으면 매체를 마다하지 않는다. 대부분 한글이나 영어 등을 익힐 수 있는 교육 콘텐츠부터 접한다. 하지만 그중에는 게임 형식이 많다. 한국디지털콘텐츠학회에서 조사한 '스마트폰의 교육용 애플리케이션 동향 분석'에 따르면 유아를 대상으로 하는 앱들에서 게임을 활용한 방식이 두드러졌다. 아이들의 흥미를 끌어 학습 동기를 유발하기 위해서다. 학습 효과는 한계가 있다는 의견도 있다. 주로 시청각 자극에 눈과 손가락만 움직이기 때문에 두뇌 발달에 한계가 있다는 것이다.

배움이 느린 아이를 위한
디지털미디어 습관

요즘은 학교에서 컴퓨터로 수업을 하고 컴퓨터를 이용한 과제도 많기 때문에 아이는 컴퓨터를 사용할 줄 알아야 한다. 그러나 컴퓨터를 아이 방에 두고 무엇을 하는지 제대로 관리할 수 없다면 아이는 인터넷이나 컴퓨터 게임에 중독되기 쉽다. 부모가 육아에 지쳐 휴식 시간을 벌려고 아이에게 스마트폰을 맘껏 하게 하거나 TV를 시간 제한 없이 보게 하는 것도 위험하다.

만약 하루에 서너 시간씩 디지털미디어에 아이를 노출시킨다면 중독으로 이어질 수 있다. 특히, 유아들은 줄곧 디지털미디어 앞에 앉아 있다 보면 그만큼 활동이 줄어들어 신체 발달이 불균형해지고, 디지털미디어를 보지 않을 때는 짜증을 내거나 초초해하는 등 정서적으로 불안감을 보인다.

아이들은 부모의 관심이 멀어지거나 정서적 만족감을 얻을 만한 대상이 없을 때 디지털미디어에 빠져든다. 이런 경우 최근 부모가 바빠지거나 부부 사이 문제로 아이에게 소홀하지 않았는지, 아이가 혼자 있는 시간이 부쩍 늘지 않았는지 점검해 봐야 한다.

아이와 함께 시간과 규칙을 정하자

디지털미디어의 하루 사용 시간은 아무리 길어도 총 2시간을 넘지 말아야 한다. 아이가 디지털미디어를 할 때 옆에 알람 시계를 맞춰두는 것도 요령이다. 일정한 규칙에 따르지 않고 부모의 기분에 따라 디지털미디어를 시청하게 하거나 금지하는 것도 안 된다. 아이는 스스로 조절하는 능력이 떨어지므로, 부모가 아이에게 일관성 있는 규칙을 정해주고, 지켜나갈 수 있게 도와주어야 한다.

그리고 하루 중 디지털미디어를 켜고 끄는 시간을 아이와 의논해 합리적으로 정하자. 보고 싶었던 방송이 끝나면 반드시 전원을 끈다. 놀이를 하면서, 밥을 먹으면서, 가방을 챙기면서 디지털미디어를 보거나 사용하지 말아야 한다. 시간을 조금씩 줄여나가는 것이 현실적인 방법이다.

시간을 기록하게 하자

아이는 자기가 일주일 동안 디지털미디어에 얼마나 많이 노출되는지 자각하지 못한다. 그날 시청하거나 사용한 디지털미디어 프로그램과 시간을 종이에 기록하면 실상을 객관적으로 파악할 수 있고, 스스로 고쳐야겠다는 의식이 강해진다. 집중해서 보지 않았더라도 틀어두었던 프로그램을 적는 것이 도움이 된다. 만약 정해진 시간을 최대한 효율적으로 사용하고 싶다면 원하는 프로그램만 선택해서 시청하는 것도 하나의 방법이다.

몸을 많이 움직이게 하자

적절한 운동으로 땀을 흘리면 디지털미디어의 유혹을 물리치기 쉽다. 군이 운동이 아니더라도 마음껏 뛰어놀게 해도 좋다. 특히 친구끼리, 가족끼리 함께하는 운동은 아이를 디지털미디어에서 빠져나오게 하는 방법으로 더없이 바람직하다. 몸을 움직여 친구들과 활기차게 뛰어놀거나 자연 속에서 마음을 열고 곤충과 같은 생물과 어우러져 노는 즐거움도 마찬가지다.

대체할 즐거움을 찾게 도와주자

디지털미디어에서 벗어나게 하려면 다른 놀거리를 찾도록 도와주어야 한다. 친구와 노는 시간을 늘린다거나 보드게임이나 윷놀이 등 가족끼리 할 수 있는 게임이 좋다. 블록놀이, 점토놀이, 모래놀이, 공작, 그림 그리기 등은 아이가 자신의 아이디어를 활용해 무언가를 만들어 내는 기쁨을 맛볼 수 있다. 큰 아이라면 체스, 장기, 바둑, 오목, 여러 종류의 보드게임 등을 추천한다. 이런 놀이는 머리를 써서 생각해야 하고 혼자서는 할 수 없기 때문에 대인 관계와 커뮤니케이션 향상에도 도움이 된다.

토큰경제를 활용하자

토큰경제는 행동 치료를 목적으로 응용되는 프로그램으로, 경제 원리를 따른다. 목표를 정하고, 그 목표를 달성하거나 그에 준한 행동을 했을 때 명확하게 대가로 토큰 또는 점수를 주는 것이다. 토큰은 다른 것과 교환이 가능하다.

　예를 들어, 게임 시간을 '일주일에 7시간'으로 정한 경우, 아이에게 '게임 30분 쿠폰'을 14장 준다. 15분 쿠폰으로 28장 주어도 상관없다. 그리고 아이가 게임을 하고 싶을 때는 부모에게 쿠폰을 주고 게임을 하게 한다. 게임기를 부모가 보관하고 있다면 쿠폰과 게임기를 교환하는 방법도 좋다. 이 방식의 장점은 눈에 보이지 않는 시간을 쿠폰으로 형상화해 그 양을 가늠할 수 있게 하고, 시간을 의식적으로 관리하기가 수월해진다는 점이다. 아이의 욕구를 조절하는 훈련으로 효과적이다.

독서:
배움이 느린 아이가 길러야 할 것

　20세기 심리학자 마이클 호위는 모차르트에 대해 이렇게 말했다. "모차르트가 어린 시절에 작곡한 협주곡, 특히 처음 일곱 편의 피아노 협주곡은 다른 작곡자들의 작품을 재배열한 것에 지나지 않는다. 현재 걸작으로 평가받는 협주곡은 모차르트가 스물한 살 때 만들었다. 이는 모차르트가 협주곡을 만들기 시작한 지 10년이 지난 뒤였다." 한마디로 모차르트가 세계적인 음악가가 된 것은 '재능 더하기 연습'이라는 것이다.

　영재들의 삶을 관찰해보면 시간이 지날수록 타고난 재능의 역할은 줄어들고 연습의 역할이 커진다. 실력 차이는 아이가 얼마나 열심히 노력하느냐에 달려 있는 것이다. 독서도 탁월한 수준에 도달하려면 최소한의 연습량을 확보해야만 한다. 악기 연주나 미술 등의 예술 기능, 수영이나 피겨스케이팅 등의 운동 기능, 수학이나 언어 등의 인지 기능은 아이의 풍부한 경험이나 학습에 의해 새로운 시냅스를 만들거나 강화할 수 있다.

하지만 독서는 아이의 뇌에 유전적으로 프로그램된 시냅스가 없어 기존의 경험 의존적 발달의 신경 회로, 즉 시각, 청각, 언어, 운동의 신경 회로를 이용해 시냅스를 새로 만든다. 독서의 경우, 자극을 100배 이상 많이 받는다면 다른 아이들에 비해 100배 이상 발달할 수도 있다.

이것은 꼭 영유아기 때만 해당하는 것이 아니다. 성인도 훈련과 학습을 통해 시냅스가 증가하고 신경망이 정교해진다. 즉 언제부터 자극했느냐가 중요한 것이 아니라 얼마나 자극했느냐가 중요한 것이다.

말콤 글래드웰은 《아웃라이어》에서 누구나 한 분야에 1만 시간 이상 노출되면 세계적인 수준의 전문가가 될 수 있다고 했다. 1만 시간을 대략 하루에 3시간, 일주일에 20시간씩 10년이라고 계산했는데, 뇌가 영재의 경지에 이르기까지 그 정도의 시간이 필요한 것이다.

연습은 잘하는 사람이 하는 것이 아니라 잘하기 위해 하는 것이다. 그런데 배움이 느린 아이는 억지로 그 정도의 시간을 들이기 어렵다. 아이가 그 분야에 재능이 있어야 하고, 자기가 좋아해야 하며, 격려해주고 지원해주는 부모가 있어야 한다. 지속적으로 보상을 해주어도 자기 스스로 의욕을 가지고 하지 않으면 도달할 수 없는 시간이다. 따라서 영유아기부터 미술과 음악 같은 경험 의존적 발달의 노출을 시작한 아이보다 초등학교 때 시작한 아이 중에서 세계적인 미술가나 음악가가 많은 이유는 영유아기에는 부모에 의해 타율적으로 하는 반면 초등학교 때는 자기주도성이 생겨서 자기가 좋아하고 잘하는 일에 1만 시간을 쓸 확률이 더 많기 때문이다.

독서를 좋은 습관으로 만들려면

책을 많이 읽으면 내면의 성장뿐만 아니라 다양한 즐거움을 간접적으로 체험할 수도 있다. 그렇기 때문에 책을 읽는 습관은 평생의 재산을 축적하는 것과 같다. 또한 독서는 국어 능력을 구성하는 생각하는 힘, 느끼는 힘, 상상하는 힘, 표현하는 힘을 키우는 데 큰 도움이 된다.

책을 읽을 때 아이의 뇌는 전두연합야, 후두엽, 전두엽, 측두엽 등 많은 영역이 활성화된다. 뿐만 아니라 이러한 움직임은 좌우 뇌에서 동시에 나타난다. 따라서 독서는 뇌를 활성화하는 데 가장 효과적인 활동이라고 할 수 있다.

그중 소리 내어 책 읽기, 즉 음독을 하면 대뇌의 70%에 이르는 영역이 활성화된다고 한다. 음독을 하기 위해서는 먼저 눈으로 들어오는 문자 정보를 후두엽의 시각 영역에서 처리한 후

측두엽에서 문자 모양을 처리하거나 각회에서 문자 의미를 처리한다. 여기까지는 소리를 내지 않고 책을 읽는 묵독과 거의 동일하다. 그러나 음독에는 계속해서 소리를 내어 읽고 그것을 다시 자신의 귀로 듣는 행위가 더해진다. 따라서 소리를 내어 읽으면 전두엽의 브로카 영역과 운동 영역이 작용하고 측두엽의 청각 영역도 활성화된다. 그 외에 사물을 생각하는 전두연합 영역의 활동도 높아진다.

이처럼 소리 내어 읽으면 대부분의 뇌 영역이 일제히 활동을 시작하기 때문에 소리 내지 않고 읽는 것보다 뇌의 활동이 3배 정도 활발해진다.

배움이 느린 아이를 위한 독서 습관

배움이 느린 아이가 1만 시간의 법칙을 이루려면 좋은 습관을 들이는 것이 중요하다. 독서는 좋은 습관의 특징을 모두 가지고 있다.

아이가 쉽게 거부감을 느끼지 않는다. 또한 독서 자체가 자신의 것이라고 느끼며 정체성을 느낄 수 있다. 처음 시작할 때는 하루 빼먹거나 빨리 그만두게 될까 봐 걱정하지만 독서가 습관이 되면 생각하지 않아도 스스로 하게 된다. 습관이 되는 것이다.

먼저 읽어주자

기본적으로 독서 태도에 문제가 있는 아이는 혼자 책을 읽게 해서는 안 된다. 아직 혼자서 책을 읽기에는 이해력, 집중력 등이 부족한 아이에게 책을 주고 읽으라고 하는 것은 무책임한 행동이나 마찬가지다. 아이가 책에 재미를 느끼고 어느 정도 이해력과 집중력이 자랄 때까지 엄마나 아빠가 함께 책을 읽어주는 게 효과적이다.

물론 아이가 책에서 만족스러운 체험을 하려면 먼저 부모가 책을 읽어서 들려주어야 한다. 이야기를 듣는 것은 인간이 원시시대부터 문학을 체험해온 방식이다. 책을 읽어줄 때, 아이가 아무것도 모른다고 무시해서는 안 된다. 모르는 것이 있으면 아이는 질문을 할 것이다. 질문이 있으면 책을 읽어주는 부모와 아이 사이에 상호작용이 일어나고, 또 부모는 아이에게 책을 어떻게 읽어줘야 할지 좀 더 확실하게 알게 된다. 부모가 아이에게 글을 읽어주면 아이는 부모의 읽기를 모델로 삼는다. 아이는 부모가 하는 방식을 따라 인쇄물의 코드를 해독하는 신비를 알게 된다.

자율성을 보장하자

아이는 자신의 자율성을 보장받게 되면 신기하게도 독서에 관심을 보이기 시작한다. 물론 또다시 다른 곳으로 관심을 돌릴 수도 있지만 그럴 때에도 끝까지 자유를 주고 기다려주는 것이 좋다. 중간중간 아이가 책과 장난감 사이를 왔다 갔다 하는 태도를 보이는 것도 성공적인 반응이다. 아무리 재미있는 독서라도 아이의 자율성이 보장되지 않으면 하고 싶지 않은 일이 되어버리기 쉽다. 독서에 흥미를 보이지 않던 아이도 자유를 허용해주고 기다려주면 어느 순간 몰입하게 된다.

아이의 독서 태도를 살펴보자

부모가 시키지 않았는데도 스스로 책을 끼고 사는지, 책을 주면 부모 눈치를 보며 장난을 치는지, 글밥이 적은 책만 좋아하는지, 제대로 책 한 권을 다 읽는지 등 아이의 독서 태도를 세심하게 관찰해야 한다. 성향이 다른 아이에게 무작정 다독을 권해서는 안 되며, 아이에게 맞는 독서법이 무엇인지 충분히 고민하고 다가가야 한다.

흥미를 갖게 하고, 배우는 기쁨을 알게 하자

아이는 어떤 책을 좋아하게 되거나 싫어하게 되는 것을 결정하는 순간이 매우 짧다. 심지어 책 표지를 흘깃 보는 순간에 결정한다는 말도 있다. 아이가 서점에 가기 전부터 책을 찾는 과정까지 부모와 이야기를 나눈다면, 아이는 "아, 여기 있다. 엄마(아빠), 이 책 사주세요. 보고 싶어요"라고 말하며 그 책에 대한 애정을 갖게 될 것이다.

아이가 원하는 책을 보게 하는 것이 가장 좋은 책 고르기가 되겠지만, 많은 경우 아이가 좋아하고 읽고 싶어 하는 책들은 잠깐의 관심을 불러일으키는 흥미 위주의 책들이다. 배운다는 느낌, 나아진다는 느낌, 새로운 것을 아는 기쁨, 그리고 알기 위해서 노력한 자신에게 느끼는 대견스러움은 아이로 하여금 성취감과 자신감을 갖게 하고 지적인 활동에 대한 동기를 갖게 한다. 스스로 독서하는 원동력이 되는 것이다.

Chapter 5

공부 의욕은 외부에서 만들어지지 않는다

당근과 채찍보다
내적 동기의 씨앗을 심어야 한다

　마크 트웨인의 《톰 소여의 모험》에서 톰은 울타리를 칠하는 일이 환상적인 특권(내적 동기의 원천)이라고 말했다. 앞에 놓인 일에 희망을 거의 잃으려던 찰나에 '기발하고 특출한 영감'에 사로잡히게 된 것이다. 친구인 벤이 톰의 말에 그만 넘어가서 한두 번만이라도 울타리를 칠해보고 싶다고 애걸하는데도 톰은 거절했다. 톰이 계속 거절하자 벤은 결국 먹던 사과까지 주면서 칠할 기회를 따냈다. 곧 다른 아이들이 모여들었고, 모두 톰의 덫에 걸려들어 톰 대신 울타리를 칠하게 되었다.

　진정한 의욕은 외부에서 오지 않는다. 내부에서 솟아난다. 아이라고 다르지 않다. 오히려 아이의 모든 행동은 내적 동기에 좌우된다.

　아이는 처음에는 외적 동기에 의해 행동을 하게 되지만, 올바른 행동을 해서 기분이 좋아지게 되면, 결국에는 보상 없이도 올바른 행동을 한다. 이때, 올바른 행동은 당연히 해야 한다는 생각으로 실행하는 것을 내적 동기라고 한다. 내적 동기는 아이의 열정과 실천력을 더욱 강화시킨다. 부모 역할은 이런 내적 동기를 유발하는 것이고, 내적 동기의 씨앗은 아이가 어릴 때 심을 수 있다.

물론 부모는 아이가 무기력해 자신의 의사로 행동하지 않을 때 당근과 채찍을 사용해 동기를 북돋우는 방법도 생각할 수 있다. 외적 동기를 만드는 것이다. 하지만 어떤 경우라도 당근과 채찍을 사용하는 방식은 아이를 자발적으로 움직이게 하지 않는다. 사용하더라도 애정을 바탕에 두고 바르게 사용해야 한다.

아이가 자발적으로 하고 싶은 일을 할 때는 당근이 필요하지 않다. 아이가 흥미를 가지고 스스로 공부하거나 부모의 부탁을 기분 좋게 들어줄 때를 생각해보자. 이 경우 아이가 자발적으로 행동하기 때문에 당근을 사용할 필요가 없다. 그저 아이가 하고 있는 일이나 한 일에 대해 부모가 느낀 점을 전하면 될 뿐이다. "열심히 하는구나", "성실하네", "고마워"라는 말로도 충분하다. 하지만 여기서 당근을 주면 아이가 주체적으로 하고 있는 일의 주도권을 부모가 쥐게 된다. 그러면 아이는 의욕을 잃는다.

세상은 좌뇌에서 우뇌로 바뀐다

좋은 성적을 물질적으로 보상하는 것은 의도는 좋을지라도 위험한 생각이다. 예외적으로 활용해야 한다. 아이들에게 내적 동기는 외적 동기와 비교할 수 없을 정도로 강하기 때문에 아이들에게 보상을 주고 싶다면 다양한 방법을 사용하는 것이 바람직하다. 한 번은 소풍을 가고, 한 번은 영화관에 가고, 한 번은 새 물건을 사주고, 한 번은 함께 보드게임을 하는 식으로 말이다.

세계적인 미래학자 다니엘 핑크는 좌뇌 위주의 연산적 업무가 줄어들고 우뇌 위주의 발견적 업무가 늘고 있다고 말했다. 똑같은 일을 일정한 방법으로 계속 반복하는 식품점 출납원의 업무는 연산적이다. 한편 광고를 만드는 일은 새로운 아이디어를 제안해야 하기 때문에 발견적이다. 주로 규칙을 따르는 좌뇌 위주의 업무는 다른 대체 방안이 있다. 단순한 육체 노동을 처음에 황소가 대체했고 다음에는 지게차가 대체했듯이, 지금은 단순한 규칙 위주의 전문 업무를 컴퓨터가 더 빠르고 싼값에 하고 있다.

컨설팅 회사 매킨지는 미국에서 현재 성장하는 일자리 중 30%만이 연산적 업무와 관련된 것이며 나머지 70%는 발견적 업무라고 평가한다. 기계적인 업무는 하청을 주거나 자동화할 수 있지만 예술이나 감정과 관련된 업무 등 비기계적인 업무는 대체가 불가능하기 때문이다.

하버드대학교 경영대학의 테레사 애머빌은 연산적 업무에서는 외적 보상과 처벌이 좋은 효과를 일으키지만 발견적 업무에서는 외적 보상이 오히려 해로운 영향을 미칠 수 있다는 사실을 발견했다. 새로운 문제를 해결한다거나 부족하다는 사실조차 인지하지 않았던 것을 새롭게 창조하는 일에서는 내적 동기가 중요하다. 테레사 애머빌에 의하면 내적 동기는 창의성을 유도하지만, 통제적인 외적 동기는 창의성에 해가 된다. 다시 말해서 외적 동기는 현대 경제의 근간을 이루는 발견적 우뇌 작업에 해로울 수 있는 것이다.

4차산업혁명 시대에는 좌뇌형 일자리는 줄어들고 우뇌형 일자리는 늘어날 것이다. 좌뇌형 일자리는 인공지능이나 로봇으로 대체되어 점점 줄어들 수밖에 없다. 따라서 부모는 아이가 외적 동기보다는 내적 동기에 의해 공부할 수 있는 환경을 마련해야 한다.

당근과 채찍의 효과를 밝혀낸 연구들

보상에 대한 연구에서 연구자들은 87명의 참여자들을 모은 다음에 몇 가지 게임을 시켰다. 표적을 향해 테니스공 던지기, 글자 수수께끼 풀기, 일련의 숫자 기억하기 등 운동 기능과 창의성, 집중력을 요구하는 게임이었다.

연구자들은 인센티브의 힘을 시험하려는 목적으로 참여자에게 세 가지 보상을 제시했다. 참여자 중 3분의 1은 수행 목표를 달성하면 4루피(마두라이의 하루치 임금)를 받았고, 나머지 3분의 1은 그의 10배인 40루피(마두라이의 2주 치 임금)를, 또 나머지 3분의 1은 그의 100배인 400루피(마두라이의 약 5달 치 임금)을 받았다. 어떤 결과가 나왔을까?

40루피나 4루피를 받은 사람들은 크게 다르지 않았지만 400루피를 받은 사람들은 거의 모든 단계에서 4루피, 40루피 보상의 참여자들보다 못했다.

다니엘 핑크는 동기를 향상시키기 위해 계획된 방법이 오히려 동기를 줄어들게 한다고 했다. 창의성을 촉진하려는 방법이 창의성을 감소시키고, 선행을 증진하려는 프로그램이 선행을 사라지게 한다. 더욱이 보상과 처벌은 부정적인 행동을 억제하기는커녕 부정적인 행동을 유발시키고 사기와 중독, 위험할 정도의 근시안적인 생각을 초래한다.

눈에 보이는 보상이 내적 동기에 부정적인 영향을 미친다. 가족, 학교, 회사, 운동 팀 등 어떤 단체라도 단기간의 결과를 강조하고 사람들의 행동을 통제하면 장기적으로 상당한 피해를 입을 수 있다.

테레사 애머빌은 화가들이 의뢰받은 작업을 재미있어하거

나 흥미진진해할 때 그 결과물의 창의성이 높아진다는 사실을 밝혀냈다. 고객의 의뢰를 받은 작품이 의뢰받지 않은 작품에 비해 창의성은 상당히 부족했으나 기술적인 면에서는 별 차이가 없었다. 화가들은 의뢰받지 않은 작업보다 의뢰받은 작업에서 훨씬 더 많은 제약을 느꼈다.

아이에게 당근을 주었을 때

처벌을 받는 아이는 상대를 보고 행동한다. 상대에 따라 말을 바꾸거나 자세를 바꾸는 것이다. 이는 아이에게 채찍에 따라 움직이는 씨앗을 뿌리는 행위다. 자신의 생각에 따른 행동이 아니기 때문에 채찍을 든 사람이 없으면 아이는 스스로 움직이려고 하지 않게 된다.

반대로 보상은 아이의 시야도 흐리게 만든다. 문제집을 한 장 풀 때마다 돈을 받는다는 약속하에 수학을 공부하는 아이는 단기적으로는 분명히 성실해지겠지만 장기적으로는 수학에 대한 흥미 자체를 잃을 것이다. 해결점까지 분명한 길이 있는 상황에서 주어지는 보상은 앞만 바라보며 더 빨리 나아가게 하기 때문에 도움이 되지만, 도전적인 상황에서 주어지는 보상은 효과를 발휘하지 못한다.

아이를 통제하기 위해 보상을 사용하면 이전 상태로 돌아갈 수 없다. 보상을 얻는 수단으로 자리 잡은 행동은 보상을 받는 동안에만 지속된다. 그래도 괜찮다면 상관이 없겠지만 아이가 보상을 받지 않아도 같은 행동을 오랫동안 계속하길 바란다면 문제가 심각해진다.

보상에 집중하게 된 아이는 더 빨리, 더 쉽게 보상받는 법을 찾는다. 빠르고 쉬운 길은 대부분 바람직하지 않다. 실패하지 않기 위해 쉬운 곡만 연주하는 음악 영재를 떠올려보자. 좋은 점수를 받기 위해 커닝을 하는 아이는 또 어떤가.

그래도 아이 공부에 보상의 법칙을 적용하고 싶은 부모는

심리학자 에드워드 데시와 리처드 라이언, 리처드 코스트너가 설명했듯이 따분한 공부에 대한 보상은 아이들의 내적 동기를 잠식하지 않는다. 잠식당할 만한 내적 동기가 아예 존재하지 않거나 거의 없기 때문이다.

공부가 필요한 이유에 이론적 근거를 제시하자

본질적으로 흥미롭지 못한 공부도 더 큰 목적의 일부가 된다면 한층 의미 있고 매력적인 것으로 변모한다. 그 과목이 왜 중요한지, 또한 공부하는 것이 아이의 목표에 왜 중요한지를 부모가 설명해주자.

공부가 지루하다는 사실을 인정해도 좋다. 이것은 공감의 표현이다. 부모가 인정해주면 아이는 부모가 인정했다는 사실이 내적 동기가 되어 지루한 공부에 도전할 힘을 얻는다.

자기만의 방식으로 공부하게 하자

부모는 통제보다는 자율성에 대해 먼저 생각해야 한다. 아이가 어떤 결과를 원하는지 밝히되, 그 결과에 도달하는 방법은 구체적으로 제시하지 않는다. 공부할 때는 자유를 허용하자.

그리고 유용한 정보를 제공하자. 테레사 애머빌은 통제력이 있는 외적 보상이 창의성에 타격을 주는 반면 정보를 주거나 능력을 부여하는 동기 부여는 창의성을 이끌어낼 수 있다고 했다. 긍정적인 피드백은 보상보다 훨씬 유익하다. 에드워드 데시는 첫 번째 실험과 다른 연구들을 분석해서 긍정적인 피드백이 내적 동기를 촉진하는 효과를 가져온다는 사실을 확인했다. 테레사 애머빌의 연구에서도 화가들은 의뢰받은 작업에서 자신에게 유용한 정보와 긍정적인 피드백을 받았을 때 창의성을 발휘했다.

보상은 공평하게 하자

보상을 줄 때 또 하나 유의해야 할 점은 공평성이다. 아이는 보상이 기여에 상응하기를 바란다. 기여를 많이 하면 보상을 더 많이 받아야 공평한 것이다. 그런데 자칫 잘못하면 보상을 더 많이 공부하라는 통제적인 동기 부여로 받아들일 수도 있다. 보상을 줄 때는 동기 부여 전략이 아니라는 것을 분명히 하고, 그저 공부 환경의 한 가지 요소로만 활용해야 공평성을 이룰 수 있다. 그렇게 하면 보상의 부정적인 효과는 한결 줄어들 것이다.

외적 보상은 예상치 못한 타이밍에 주자

공부를 시작하면서 끝난 다음에 보상을 주겠다고 하면 아이는 공부에 열중하기보다 보상을 얻는 데 더 관심을 보이기 마련이다. 그러나 보상이 예상하지 못한 시점에 주어진다면 공부를 하는 동안 보상에 집중할 위험도가 줄어든다. 외적 보상은 아이가 예상하지 못한 시점에, 특히 공부를 끝낸 후에 주는 것이 좋다.

태어날 때부터 의욕이 없는 아이는 없다

많은 부모가 공부든 운동이든 아이가 의욕이 없다며 한탄한다. 하지만 근원적으로 의욕이 없는 아이는 한 명도 없다. 아이들은 쉬지 않고 뛰고 달리고 돌아다닌다. 벌레도 잡고 꽃도 꺾으면서 모두가 호기심과 의욕으로 넘쳐난다.

아이는 한 가지에 자신감이 붙으면 다른 것에도 자신감이 붙는다. 무슨 일이든 열심히 하려는 에너지가 솟아나는 것이다. 누구에게도 지지 않는 한 가지를 갖는 것이 아이의 자신감을 키운다. 아이는 "이런 것도 있단다"라는 말을 들으며 자신감을 갖고 도전하게 된다. 반대로 잘하는 게 없어 자신감이 없는 아이는 "어차피 못해!", "분명 안 될 거야"라고 지레 포기해버린다. 그 작은 체험의 차이는 시간이 지남에 따라 조금씩 벌어진다. 축적되는 양도 달라진다. 도전을 포기하는 아이는 자신의 가능성에 도전해 끊임없이 자아실현을 해나가는 주체적인 삶을 살수 없다.

자존감이 있는 아이로 살아가려면 "나에게는 잘 해낼 힘이 있어", "난 할 수 있어"라는 자신감이 중요하다. 따라서 어릴 때부터 아이에게 그런 자신감을 심어주어야 한다. 아이가 의욕을 보이는 일이 설령 놀이처럼 보여도 인정해주는 것이 중요하다.

"이렇게나 모았어? 집중력이 대단하네!"

"넌 미로퍼즐의 천재야!"

아이가 의욕이 없다고 생각하는 부모

유아기 아이들은 틈만 나면 돌아다니느라 한곳에 가만히 있지를 못한다. 부모 말은 뒷전이고 하기 싫은 일에는 눈길도 안 주지만, 자기가 하고 싶은 일에는 늘 의욕이 가득하다.

만약 아이가 의욕이 없는 것처럼 보인다면 그것은 '하고 싶지 않은 일'을 부모가 무리하게 시키고 있기 때문이다. 부모는 공부에 대한 의욕이 없는 것만 보고 '아이가 의욕이 없다'고 생각한다. 대부분의 부모가 아이 스스로 공부에 열중하는 모습이나 예체능에 적극적인 모습을 의욕이라고 생각하고 거기에서 벗어나는 것은 의욕이라고 인정하지 않는다.

재미난 물건을 보고 싶어 하는 지적 호기심도 의욕의 표현이다. '만지고 싶다'는 탐구심도 의욕의 표현이다. 장난감이나 과자에 흥미를 갖고 달려가는 행동도 의욕의 표현이다. 하지만 대부분의 부모는 아이가 행동을 하기 전 단계에서 바로 "안 돼" 하고 말린다.

부모의 성향 때문이든 상황 때문이든 중요한 점은 '아이의 의욕'과 '부모가 바라는 의욕'이 서로 다르다는 것이다. 부모가 아이에게 의욕이 없다고 오해하게 된 데에는 이처럼 아이와 부모의 의욕이 서로 다른 것에 근본적인 원인이 있다. 아이의 의욕이 다르기 때문에, 의욕을 보여도 보려고 하지 않고 인정해주지 않는 것이다. 아이 스스로 '하고 싶다'는 마음이야말로 진짜 의욕이다. 설령 그것이 부모의 의욕과 다를지라도 말이다. 그 싹을 싹둑 꺾어놓고 나중에 가서 "우리 아이는 의욕이 없어요"라고 말해서는 안 된다. 상황 때문이라면 허락되는 범위 안에서 "만지지 말고 보기만 하자", "조심히 살펴볼까?"라고 해도 아이는 부모의 말을 따를 것이다.

아이의 인생에
부모의 욕심을 담으면 안 된다

부모는 아이를 이끌어 무엇인가를 열심히 시키면 다른 아이의 우위에 설 것이라고 생각한다. 사립초, 특목고, 자사고, 명

문대에 가지 않으면 아이 인생이 실패로 끝난다고 불안해한다. 이처럼 성공을 지향하고 선입견에 갇힌 부모가 선행 학습, 조기 교육에 매달린다. 일찍 하지 않으면 아이가 뒤처진다고 생각하는 것이다.

학령전기나 초등학교 저학년 시기에는 아이가 시간에 구애받지 않고 자신이 정말 하고 싶은 일에 전념할 수 있다. 이 시기에 불특정하고 먼 미래 때문에 아이를 가혹하게 몰아붙이면 아이의 발달에도 무리가 간다.

아이에게는 자신의 인생을 살아갈 권리가 있다. 아이가 어릴 때 그 인생을 잠깐 맡아서 돌본다는 이유만으로 앞으로 살아가는 데 중요한 토대가 되는 학령전기와 초등학교 저학년 시기를 부모의 뜻대로 좌지우지해서는 안 된다. 그 시기 아이에게 부모는 환경 그 자체다. 부모가 좋다고 생각하는 인생이나 미래를 강요할 게 아니다. 아이가 하고 싶어 하는 일을 소중히 여기며 아이의 강점을 인정하고 도와주는 것이 부모의 의무다.

긍정하는 마음을 넘어
존중하는 마음으로

자존감이란 '난 괜찮아'라고 생각하는 자기 긍정을 넘어 스스로를 존중하는 마음의 힘이다. 유능감이 '나는 할 수 있다'는 자신감이라면 자존감은 '온전하게 자기 자신으로 살아갈 수 있다'는 자신감이다. '난 여기 있어야 하는 사람이야', '난 충분해', '난 가치 있는 사람이야'라고 자신을 긍정하는 마음이자 자기를 사랑하는 감정이다.

불가능과 실패 속에서도 자신을 사랑할 수 있는 감정이야말로 자존감이다. 결점과 단점에도 불구하고 스스로를 긍정하는 마음이다. 자존감은 어떤 일이 일어나더라도 아이를 지탱해준다. 그래서 아이의 의욕을 높이고 싶다면 우선 자존감을 높이고 자기 자신을 사랑하는 아이로 키우는 게 중요하다.

자존감은 부모의 태도가 큰 영향을 미친다. 그 태도란 바로 사랑이다. 아이가 말을 잘 듣든 안 듣든, 활달하든 소심하든, 건강하든 약하든 부모가 조건 없이 사랑할 때 아이의 자존감은 자란다. 그때 부모의 자존감도 함께 성장한다. 아이의 자존감을 키우는 과정에서 부모 또한 자존감을 키우는 기회를 얻는 것이다. 양육은 그렇게 한쪽이 아니라 양쪽이 주고받으며 성장하는 과정이다.

오늘날 부모는 전반적으로 자존감이 낮아지면서 동반 의존성이 높은데, 특히 자녀 교육에서 대리 만족을 느끼려고 한다. 대리 만족은 낮은 자존감, 인정받으려는 욕구, 타인을 통제하려는 충동, 자기를 희생하며 고통을 감수하거나 순종하는 행동으로 악순환한다.

자존감이 높은 아이는 자기결정력이 뛰어나기 때문에 판단과 결단이 빠르고 확신이 있다. 그리고 이러한 확신은 긍정심으로 나타나 결국 아이의 행동도 긍정적으로 바뀐다. 그 결과 자기결정력이 뛰어난 아이는 학업 성적도 좋고, 친구와의 관계도 좋다. 자존감이 높은 아이가 낮은 아이보다 역경이나 문제를 잘 극복한다. 이것은 학교생활, 가정생활, 또래 관계와도 관련이 있다. 즉, 자존감이 높은 아이일수록 공부에 적극적이다.

아이의 자존감을 키우기 위한
부모의 태도

무조건 공부하라고 닦달하고, 책상 앞에 강제로 앉히는 것보다 아이 스스로 탐색할 기회를 주는 게 부모의 역할이다. 그러려면 아이가 해보고 싶은 일에 부모도 관심을 가지고 격려해줄 수 있어야 한다. 아이의 열정을 긍정적인 방향으로 전환할 수 있다면 그 에너지는 미래의 꿈을 실현하는 큰 원동력이 될 것이다.

하고 싶은 것은 아이 스스로 정하게 하자

아이에게도 무엇인가를 하려는 욕구는 늘 있다. 아이가 하고 싶은 일이 있을 때 그것이 위험한 일이 아니라면 시도해보라고 격려해주자. 부모는 아이의 '하고 싶어' 하는 기분을 존중해주어야 한다. 그리고 "그건 무리야", "그건 못해"라는 말로 아이의 의욕을 꺾어서는 안 된다.

하고 싶은 일을 스스로 정하면 포기하는 법이 없다. 무리한 일이라고 해도 도전을 하며 문제를 해결하기 위해 계획하고 과감하게 실행한다. 그 과정에서 아이는 도전하고 노력하면 이룰 수 있다는 것을 배우며 자존감이 커진다.

아이를 응원하자

아이는 부모가 자기 편이 되어주거나 믿고 지켜봐줄 때 고마워한다. 어릴 때부터 부모가 원하는 것만 하는 아이는 어른이 되어서도 스스로 하고 싶은 일을 찾기 어렵고, 자존감을 키우기 어렵다.

6세 남자아이가 있었다. 아이는 우주를 소개하는 TV 프로그램을 보다가 우주에 흥미를 갖게 되었다. 우주에 관해 더 깊이 알고 싶어진 아이는 부모에게 과천과학관에서 개최하는 우주전에 데려다달라고 했다. 다녀온 다음에는 집 안에 있는 부품을 활용하거나 책을 보면서 매일 즐겁게 독창적인 우주 만들기에 열중했다. 부모는 아이를 응원하고 우주에 대한 책을 사주거나, 같이 만들기를 했다. 아이는 우주과학자를 꿈꾸게 되었고, 우주에 대한 탐구를 하며 자존감이 높아졌다.

경청하고 협상하자

평소 아이와의 대화 시간을 만들어 아이의 속마음을 경청하면 불필요한 갈등을 줄일 수 있다. 아이의 '이것만은 꼭 하고 싶다', '재미있어서 아직 그만둘 수 없다'라는 생각에 반대 의견을 말할 때는 나무라지 말고 타협점을 찾는 것이 중요하다.

아이의 의견을 듣고 부모가 의견을 말하고 서로 납득할 수 있는 지점을 찾아 정리해가는 협상의 여지가 있어야 한다. 협상을 경험하면 아이는 노력에 따라 의견이 받아들여질 수 있다는 것을 알게 된다. 앞으로 곤경에 처하게 되더라도 조정력으로 극복할 수 있는 힘이 몸에 밴다. 목표를 세워 노력하고 뜻대로 되지 않을 때는 다양한 협상을 통해 목적지를 찾아갈 수 있다.

또한 아이는 자신의 뜻이 받아들여지지 않아도 부모와 협상하는 과정에서 공감을 느낀다. 부모가 자신을 이해하고 사랑한다는 확신을 느끼기 때문에 감정이 안정된다. 감정의 뇌가 에너지를 먼저 공급받기 때문에 감정이 안정되면 인지와 언어를 지배하는 전두엽이 활성화된다.

물론 아이가 하고 싶어 하는 것을 협상의 여지없이 안 된다고 해야 할 때가 있다. 그런 경우에도 처음부터 "안 돼"라고 하지 말고 "하고 싶구나"라고 아이의 기분을 공감해준 다음 왜 안 되는지 말해주자. 그것만으로도 아이의 감정은 상당히 충족된다.

긍정적 자기 충족 예언을 습관화하게 하자

아이는 부모가 관심을 가지는 만큼 분발한다. 부모가 아이에게 관심이 없다면 아이는 별로 열심히 해야겠다는 생각을 하지 못한다. 부모의 관심이 아이에게 영향을 주는 것이다. 아이는 끊임없이 현재 상황에 영향을 받고 또 그 상황에 영향을 준다. 이런 피드백을 통해서 주변에 펼쳐지고 있는 상황에 스스로 어떻게 생각하고 행동해야 하는지를 결정하게 된다.

그래서 긍정적 자기 충족 예언이 습관화된 아이는 그렇게 될 것이라는 믿음으로 미리 생각하고 움직인다. 본능적으로 노력하는 것이다. 아이가 스스로 원하는 일을 할 수 있다고 생각하고, 점점 더 나아지고 있다고 말하는 습관을 들이도록 도와주자.

긍정심을 키워주자

긍정심은 기분과 감정을 조절한다. 고대 철학자 에피쿠로스는 제자들에게 매일 잠자기 전 그날 하루를 성공적으로 잘 보냈는지 되새기라고 했다. 그날 실패한 일이 아니라 성공한 일에 집중하라고 말이다. 에피쿠로스는 그 과정을 통해 제자들이 기분과 감정을 생각으로 조절하는 기술을 배우게 했다.

가정에서도 저녁 시간에 아이에게 "오늘은 어떤 일을 잘했어?"라고 물어보자. 부모가 아이의 약점이나 실패가 아니라 성공이나 잘한 일에 집중할 때 아이와 함께 그 일을 기뻐할 수 있고, 아이 자신도 잘한 일에 대한 기억을 오래, 좋은 느낌으로 간직할 수 있다. 그리고 이것은 다음날 어려움을 극복하는 데 필요한 에너지가 된다.

긍정적인 생각과 느낌을 구체적 목표와 결합하면 그 목표를 이룰 수 있을 뿐 아니라, 그다음 도전들을 이겨내는 일도 쉬워진다. 긍정적인 생각과 느낌은 아이를 강하게 한다. 특히 특정 과제를 수행하는 데 바로 기여할 수 있는 구체적인 생각과 느낌이 중요하다.

자율성:
배움이 느린 아이를 가장 좋은 곳으로 이끄는 것

테레사 애머빌은 아이의 미술 활동에 대한 한 연구에서, 한 집단의 아이들에게는 미술 작품을 만드는 데 어떤 재료를 사용할지에 대한 선택권을 주었고, 다른 한 집단의 아이들에게는 재료를 스스로 선택하지 못하도록 하고 선택권이 주어진 아이들이 선택한 것과 같은 재료를 주었다. 선택권이 주어진 집단의 아이들이 만든 작품은 선택권이 주어지지 않은 집단의 아이들이 만든 것보다 의미가 있었다. 선택권이 주어진 아이들은 선택권이 주어지지 않은 아이들보다 자기결정적이라고 느꼈다. 따라서 그들은 내적 동기가 생겨 더 창의적인 결과물이다.

부모는 대부분 박물관이나 전시회 관람도 학교 체험 학습 때문에 간다. 관람할 때도 시간을 정해놓고 전시 작품을 보려고 아이의 손을 잡아끈다. 또한 아이의 관심 여부를 떠나 팸플릿이나 설명서를 챙기느라 여념이 없다. 성적에 반영되기 때문이다. 부모에게 중요한 것은 아이의 마음이 아니라 학업 성적이다. 어느덧 아이에게 전시장이나 박물관은 재미없는 장소가 되어 버린다. 마음껏 구경하지도 못하고 부모의 손에 끌려다녀야만 하기 때문이다.

부모가 아이에게 해주어야 하는 일은 그저 아이가 좋아할 만한 곳에 데려다주는 것이다. 그리고 아이에게 시간을 주는 것이다. 아이의 성적이 아니라 아이의 좋아하는 마음을 중요하게 여겨야 한다. 이런 태도는 아이와 관계를 맺을 때 모든 면에서 도움이 된다. 그러기 위해서는 먼저, 아이의 관점에서 볼 줄 알아야 한다. 부모가 아이의 마음을 존중한다면 아이에게 자율성을 주어야 한다. 자율성을 준다는 것은 곧 선택의 여지를 주는 것이다. 부모가 지닌 권위와 힘을 나누는 것이다. 자율성을 북돋우는 부모는 의사 결정 과정에서 아이가 제 역할을 하도록 이끈다. 아이의 자율성을 북돋우는 교사는 통제하는 교사에 비해 훨씬 긍정적인 영향을 미친다. 자율성을 북돋우는 교사에게 배운 아이는 호기심과 숙련성, 자존감이 더 발달한다.

부모의 관리보다 자율성이 필요하다

부모는 아이가 스케줄에 따라 공부하고 쫓아가다 보면 명

문대에 들어갈 수 있다고 굳게 믿는다. 하지만 아이가 부모에게 협력하는 것은 또 다른 문제다. 아이는 부모가 부릴 수 있는 자산이 아니라 동반자다. 그리고 동반자인 아이들은 자신의 삶을 스스로 이끌 필요가 있다.

아이를 관리한다는 개념은 관리당하는 아이의 기본적인 본성에 대한 가정을 기초로 한다. 또한 아이를 공부하게 하거나 학습을 향상시키려면 자극이 필요하며, 보상이나 처벌이 없으면 편안하게 타성적으로 제자리에 머물 것이라고 전제한다. 또한 아이가 일단 공부를 시작한 후에는 감독이 필요하며, 굳건하고 믿을 만한 감독이 없으면 아이는 결국 헤매게 될 것이라고 여긴다.

그러나 이러한 관리의 개념을 가지고 아이를 교육하는 것은 바람직하지 않다. 아이에게는 호기심과 자기주도성이 가장 중요한 본성이다. 아이가 수동적이며 타성에 젖어 있다면, 그것은 아이의 본성이 수동적이어서가 아니라 그런 습관이 만들어진 것이다. 내적 동기는 자신의 의지력과 선택권을 완전히 행사하며 공부하는 것이다. 반면 외적 동기는 외부적이라고 인지되는 힘에서 기인하는 특정 결과에 압력과 요구를 경험하면서 공부하는 것이다.

권한 부여조차도 진정한 자율성은 아니다. 권한 부여란 권력을 소유한 부모가 그중 일부를 감사한 마음으로 기다리는 아이들에게 주는 것을 의미한다. 권한 부여는 자율성이라기보다는 오히려 세련된 형태의 통제라고 할 수 있다. 융통성도 자율성과는 거리가 멀다. 융통성은 경계를 넓히고 가끔 문을 개방하는 것이며, 그 역시 착한 통제에 불과하다. 아이를 관리한다는 개념 자체가 시대 상황과 아이의 본성에 역행하는 전제를 반영하고 있다. 부모가 아이를 관리한다고 생각해서는 안 된다.

권위와 책임감을 부여받은 아이가 유능하다면 아이는 자기 방식으로 공부하고 싶어 할 것이다. 연구에 의하면, 스스로 무언가를 통제한다고 인식하는 것이 아이가 행복을 느끼는 데 중요한 요인이 된다고 한다. 그러나 아이마다 통제하고 싶은 것이 다르기 때문에, 아이가 무엇을 통제하고 싶어 하는지를 알아내는 것이 부모가 할 수 있는 최선의 방법이다.

선택의 핵심은 자율성 키우기

스스로 선택할 수 있는 아이는 자기가 하는 공부에 전념한다. 자율성이 높아지고 소외감은 낮아진다. 자기에게 선택권을 준 부모가 자기를 온전한 개인으로 인정해주고 있음을 느낀다. 그래서 어떤 일을 어떻게 하라고 지시받은 아이보다 많은 일을 잘 해내는 것이다. 배움이 느린 아이여도 자신의 특성에 맞춰 스스로 공부를 계획할 수 있다. 자기가 더 쉽게 할 수 있는 시간에 맞춰 계획을 짤 수 있다.

더구나 선택할 수 있는 기회는 아이가 자기결정권을 갖고 있다고 느끼게 한다. 자율성이 뒷받침되면서 내적 동기가 강화된다. 예를 들어 국어 참고서가 있다고 하자. 다섯 개의 참고서 중 두 개는 괜찮고 세 개는 조잡하다고 판단되면 그중 가장 좋은 것을 부모가 결정해 아이에게 내밀기보다는 좋은 참고서 두 개 중에 한 개를 아이에게 고르도록 하는 것이다.

배움이 느린 아이의 자율성을 키우려면

자율성을 뒷받침한다는 것은 곧 아이를 인격으로 대한다는 것을 의미하며, 아이를 조종하는 대상이 아니라 지지해야 하는 존재로 여기는 것이다. 자율성을 뒷받침하는 부모는 아이의 눈으로 세상을 바라보고 파악한다.

공부를 싫어하는 아이의 감정을 인정하자

아이에게 자율성의 한계를 정해줄 때는 아이의 감정을 인정하는 것이 무엇보다 중요하다. 공부도 마찬가지다. 내적 동기를 훼손하지 않고 자율성의 한계를 지키게 하려면 우선 아이의 감정을 인정해야 한다. 아이가 공부를 하기 싫어할 수도 있다는 점을 인정한다면 부모는 아이를 다르게 대할 수 있다.

그리고 아이에게 공부를 하라고 할 때는 왜 그래야 하는지 이유를 설명해주는 게 좋다. 이를테면 공부가 아이의 인생에 어떤 도움을 주는지 설명해주자. 삶의 가치나 평생 학습의 가치에 대해서도 서로 이야기할 필요가 있다.

통제하거나 압박한다는 느낌을 주지 말자

부모는 아이에게 공부하도록 명령하기보다는 권유해야 하며, 아이의 생활을 통제하기보다는 스스로 선택하게 해야 한다. 아이는 감시를 받고 있다고 생각하면 공부 의욕이 생기지 않는다. 공부가 통제나 압박이 아니라 자기주도로 이루어지고 있다고 생각하는 순간 공부 의욕은 솟아난다.

필요할 때는 한계를 정해주자

물론 부모가 직접 한계를 정해주어야 할 때도 있다. 이런 경우에도 한계를 정해주는 방식이 중요하다. 예를 들어 통제적인 언어를 삼가고 아이의 욕구를 인정하면서 한계를 정해주면 아이는 훨씬 쉽게 받아들인다. 한계를 정해주어야 할 때에도 양자택일을 할 수 있게 하면 아이가 받아들이기 수월하다.

자율성을 훼손하는 행동은 하지 말자

스탠퍼드대학교의 마크 레퍼 교수는 금전적 보상이나 위협 외에도 마감 기한 설정, 목표 제시, 감시, 평가 등이 내적 동기를 훼손한다고 주장했다. 실제로 그것들은 아이를 압박하고 통제하기 위해 자주 쓰는 방법이다. 아이는 그런 상황을 겪을 때마다 자율성이 훼손되고, 통제된 행동에 대한 관심과 열정을 잃어버리고 만다. 부모는 "제대로 해", "착하게 굴어야지"라는 억압적 표현을 쓰지 않고도 아이를 설득할 수 있다. 예를 들어 "모래 상자를 가지고 재미있게 놀렴. 하지만 잔디밭에 모래를 던지지는 말아라"라고 말하는 것이다.

잔소리를 하지 말자

자율성은 자기 의사에 따라 자기 행동을 결정하고 싶다는 욕구다. 인간에게 자율성에 대한 욕구가 있다는 것은 곧 그 욕구를 충족하지 못하면 행복감이 낮아지고 다양한 부적응 결과가 나타난다는 뜻이다. 게임을 하고 있는 아이에게 "숙제했어?"라고 물었다가 "지금 하려고 했단 말이야!"라는 반발을 산 적이 있을 것이다. 실제로 아이는 마음속으로 '게임 그만하고 이제 숙제해야지'라고 생각하고 있었을지도 모른다. 하지만 부모가 언급한 시점에서는 스스로 컴퓨터 스위치를 끄더라도 시켜서 한 행동일 뿐 자기 의사는 아니게 된다. 부모의 잔소리로 자율성의 욕구가 사라져버린 것이다.

몰입:
배움이 느린 아이에게 성취감을 느끼게 하는 것

아이들은 어떤 사건을 경험하며 그 이후의 인생이 바뀔 수 있다. 뇌는 언제 어디서 찾아올지 모르는 한 번의 경험이라도 소중하게 각인해서 정리할 수 있으며, 이러한 경험은 아이의 삶을 풍요롭게 만든다. 100세 시대를 살아가는 아이에게 다양한 경험만큼 좋은 선물은 없다. 그것은 공부일 수도 있고 집안일일 수도 있다.

아이에게는 친구와의 관계, 갈등 등도 모두 경험이다. 부모는 아이에게 좋은지 나쁜지를 앞서 판단하지 말고 일단 직접 해보도록 해야 한다. 아이의 뇌는 성숙하는 과정에 있기 때문에 경험을 통해 언어 능력과 인지 기능이 향상되고 사회적인 역할 행동도 늘어난다. 뇌에서도 이런 기능을 담당하는 전전두엽의 성숙이 어린 시절에 가장 급격하게 이루어진다.

성취감을 통한 도파민 학습법

산 정상을 한 번이라도 밟은 사람은 더 높은 산 정상에 오르려고 노력한다. 힘든 과정을 극복하고 마침내 목표를 이룰 때 뇌에서는 도파민이 분비되는데, 이 물질은 쾌감을 안겨준다. 아무리 힘든 과정이었어도 목표를 이루었을 때 느끼는 쾌감 때문에 힘들었던 과정을 모두 잊어버린다. 그런데 이 도파민은 이른바 중독 효과가 있다. 따라서 도파민이 준 쾌감을 한 번이라도 맛본 사람이라면 그 쾌감을 다시 느끼기 위해 또다시 도전하게 된다.

뇌과학자 모기 겐이치로는 뇌에 부담을 주는 것이 중요하다고 했다. 이때 부담의 정도가 약해서는 효과가 없다. 현재 자신의 실력을 100%라고 한다면, 120%나 130%정도로 '자기 능력 이상의 부담'을 주는 것이 중요하다. 예를 들어 수학 문제를 푸는데 열중하고 있을 때, 하나의 문제를 풀면 그것을 달성했다는 성취감에 도파민이 방출되고, 문제를 계속 푸는 동안 뇌 속 논리 수학의 신경회로가 점점 강화된다. 이것을 반복하다 보면 어느새 수학에 완전히 빠져든다.

따라서 성취감을 통한 도파민 학습법은 아이의 잠재력을 극대화시킨다. 모든 인간의 뇌는 '폭주'해서 재능을 발휘하도록 만들어져 있다. 예를 들면 칭찬과 같은 아주 사소한 계기가 뇌의 도파민 학습 회로를 자극해 재능을 꽃피우게 하는 것이다.

따라서 성취감을 느낄 수 있는 그 사소한 계기를 놓치지 않는 것이 중요하다. 특히 배움이 느린 아이에게는 이 성취감이 중요하다.

배움이 느린 아이가 몰입하게 하려면

공부도 일종의 경험 의존적 발달이다. 공부를 하다 보면 고도의 집중력에 도달하기도 한다. 여기서 말하는 집중력은 머릿속에 백열전구가 환하게 켜져 있는 느낌과 비슷하다. 즉, 주변과 단절된 환경에서 전심전력을 다해 공부에 집중하는 것이다. 이때 수단이란 수단은 전부 동원한다. 눈으로 읽고 손으로 쓰고 입으로 말한다. 온몸을 사용해서 공부한다. 이때의 집중력은 눈앞에 교과서 이외에는 아무것도 보이지 않고 아무것도 들리지 않을 정도가 되어야 한다.

아이의 집중력을 지속시키려면 '어떤 작업을 계속하고 있는 상태'로 만들어야 한다. 멍하니 생각하는 것이 아니라 일단 바쁘게 움직이게 해야 한다. 속도를 올리면서 제한 시간 안에 할 수 있는 분량을 늘려가야 한다. 공부할 때는 문제의 양을 점차 늘리는 것도 좋고, 무엇인가를 계속 쓰거나 직접 소리를 내서 읽게 하는 것도 좋은 방법이다. 중요한 것은 아이가 한숨 돌릴 틈도 주지 않고 끝까지 해치우게 도와주는 것이다.

아이의 유능감을 키워주자

내적 동기를 부여하려면 자율성만 가지고는 되지 않는다. 무엇인가를 성취하고자 하는 마음이 있어야 한다. 아이들은 무엇인가에 호기심을 느끼고 알고자 하는 내적 동기를 타고나지만, 배움이 느린 아이는 내적 동기를 가지려면 성취하고자 하는 마음이 먼저 생겨야 하고 그 밑바탕에는 유능감이 있어야 한다.

아이가 유능감을 가지려면 스스로 생각하기에 적절하다 싶은 도전이 있어야 한다. 너무 쉬운 도전은 아이의 유능감을 키워주지 못한다. 유능감은 과제를 이루기 위해 끊임없이 노력할 때만 생겨나기 때문이다. 아이가 유능감을 갖기 위해 꼭 1등이 되어야 하는 건 아니다. 의미 있는 도전을 받아들여 순간순간 최선을 다하기만 하면 된다.

일단 몰입을 경험하게 하자

흔히 몰입을 내적인 즐거움이라고 생각하지만 사실 몰입 상황에는 즐거움이 없다. 모든 감정이 사라지고 오직 배움 자체에만 집중하기 때문이다. 즐거움이 찾아오는 것은 그다음, 몰입의 상황에서 벗어났을 때다. 즉, 몰입과 동시에 기쁨이나 즐거움을 경험하는 것이 아니라 몰입을 경험한 후에 비로소 즐거움을 느끼는 것이다.

그런데 어른은 물론 아이도 몰입 후에 느끼는 즐거움을 한

번 맛보면 끊임없이 갈구하게 된다. 즐거움을 느낄 때 뇌에서 엔도르핀이나 도파민과 같은 호르몬이 분비되기 때문이다. 결국 몰입 후 성과에 따라 뇌에서 기쁨을 느끼게 하는 호르몬이 생성되는 것이다. 몰입 후에 맛보는 즐거움은 아이가 느낄 수 있는 대표적인 행복이라고 할 수 있다.

아이가 좋아하는 것에 몰입하게 하자

진정한 몰입은 도전과 노력이 수반되어야 한다. 그렇지 않다면 쉽게 쾌락을 얻을 수 있는 거짓 몰입에 빠진다. 배움이 느린 아이가 진정한 몰입을 경험하면 그것을 바탕으로 성인이 된 후에도 진정한 몰입을 추구하지만, 경험하지 못하면 진정한 몰입에 이르기까지의 노력이 두려움으로 다가서기 때문에 손쉬운 거짓 몰입에 빠지게 된다.

아이가 도전과 노력을 할 수 있을 만큼 좋아하는 일에 몰입하게 하자. 좋아하는 일에 몰입하는 아이는 표정은 물론 머리도 좋아진다. 뇌의 성능이 향상되는 것이다.

교양 체험을 하게 하자

곤충에 푹 빠져 있는 아이가 있다고 하자. 아이는 곤충 채집에 열중하거나 도감을 조사하면서 곤충에 관한 지식이 점점 깊어지는 교양 체험을 하게 된다. 이 곤충에 대한 흥미가 어느 순간 갑자기 기계로 옮겨 갈지도 모른다. 나중에는 로봇이나 조립에 열중할지도 모른다.

쓸모없어 보이는 지식이라도 그것을 통해 만들어진 교양 체험은 공부할 때 도움이 된다. 배움이 느린 아이가 자신이 하고 싶어 하고 좋아하는 것에 몰입해 교양 체험을 하면, 그것을 더 깊이 파고들어 연구하면서 독창적인 교양을 익히는 선순환이 이루어진다. 남다르게 축적한 교양 체험은 새로운 창출이나 참신한 기획의 원천이 되기도 한다. 쓸모없어 보이는 지식과 교양이 많으면 많을수록 기발한 발상이나 기획으로 이어질 원재료를 풍부하게 보유하는 셈이기 때문이다.

일체화하는 습관을 길러주자

배움이 빠른 아이는 자신과 대상을 쉽게 일체화한다. 자신과 배움이 일체화되어 문제가 있다고 느끼면 즉시 해결에 착수한다. 오로지 눈앞에 배움에만 집중하며, 특별히 고민하지 않아도 어떻게 하면 좋을지가 머릿속에 떠오른다. 하지만 아이는 그저 단순히 배움을 즐기고 있는 상태다. 이것을 몰입 상태라고 한다.

많은 스포츠 선수가 경기 중에 이 몰입 상태를 경험한다. 야구 선수가 투수가 던진 공이 멈춘 듯이 보이거나 축구 선수가 동료에게 공을 패스해야 할 방향이 선으로 보이는 것이 바로 몰입 상태의 특징이다. 몰입을 경험한 아이는 '내가 하고 싶은 것을 더 깊게 알려면 어떻게 해야 할까?'라는 생각과 사물을 깊게 탐구하는 노하우가 저절로 몸에 배게 된다.

회복탄력성:
배움이 느린 아이가 연습하면 얻을 수 있는 것

아이의 배움을 느리게 만드는 양육 환경은 크게 두 종류로 나뉜다. 첫째, 부모가 아이에게 기대하는 행동이 무엇인지, 내적 외적 결과를 성취하기 위해 어떻게 행동해야 하는지 모르는 혼란스러운 환경이다. 그런 환경에 놓인 아이는 동기가 전혀 없거나 거의 없는 상태, 즉 '동기 상실 상태'에 빠진다. 한마디로 위축되는 것이다. 둘째, 아이의 특정한 행동과 사고, 감정을 강요하고 압박, 회유하는 통제적 양육 환경이다. 이런 환경은 아이를 수동적으로 만든다. 요구에 순응해 행동하고 그저 가끔씩 통제에 저항할 뿐이다.

부모와 교사가 갖는 편견

배움이 빠르고 적극적인 아이는 부모에게서 더 많은 것을 얻어낸다. 아이들에게 냉정하고 통제적인 부모라고 해도 그런 아이에게는 더 관심을 쏟고 자율성을 존중하는 태도를 보이게 되는 것이다. 그리고 그 약간의 차이가 아이에게 큰 영향을 미친다.

학교에서도 마찬가지다. 배움이 느리고 소극적인 아이는 통제해야 하지만 배움이 빠르고 적극적인 아이는 자율성을 독려해야 한다고 말하는 교사들이 많다. 두 아이가 있다고 해보자. 한 아이는 평균보다 약간 더 느리고 수동적이며, 다른 한 아이는 평균보다 조금 더 빠르고 적극적이다. 약간 통제적인 유형의 교사는 두 아이를 조금 다르게 대한다. 배움이 느린 아이에게는 조금 더 통제를 가하고 배움이 빠른 아이에게는 조금 더 자율성을 주는 식이다.

교사가 보기에 첫 번째 아이는 통제해야 하지만, 두 번째 아이는 자기 자신을 스스로 책임질 수 있다고 보기 때문이다. 같은 교실에서 같은 교사가 이렇게 서로 다른 환경을 만들어주면 아이들은 점점 더 큰 차이를 보이게 된다. 배움이 느린 아이는 한층 수동적으로 변하고 배움이 빠른 아이는 한층 더 자율적으로 변한다. 통제하지 않아도 되는 아이에게 점점 더 많은 통제를 가해 결국 배움을 더 느려지게 만드는 것이다.

공부를 지배하는 감정

자신감과 성취감을 느낀 아이의 배움은 빠를 수밖에 없다. 친구와 다투고 난 뒤, 부모에게 심한 꾸지람을 들은 뒤 혹은 슬픈 TV 드라마를 보고 난 뒤, 가슴이 답답하고 우울해져 공부를 할 수 없던 경험이 있을 것이다. 우리의 마음 상태는 신체, 표현, 행동에 영향을 준다. 특히 정신적 성숙이 완전하게 이루어지지 않은 아이는 감정의 기복이 심한 편이며 그에 따른 행동 변화가 배움을 느리게 만든다.

분노, 두려움, 혐오, 불안과 같은 부정적 감정이 생기면 공부를 하기 어렵다. 그 이유는 뇌의 구조와 관련 있다. 뇌의 안쪽에는 편도체와 해마로 구성된 변연계가 있는데, 편도체는 감정을 담당하고 해마는 학습과 기억을 담당한다. 부정적인 감정에 의해 편도체가 자극되면 인접해 있는 해마가 영향을 받아 제 기능을 발휘하지 못하고 학습력에 지장을 주는 것이다.

적당한 긴장과 불안은 동기를 자극하고 정신을 집중하게 하는 긍정적인 면이 있다. 하지만 스트레스를 지나치게 받으면 주의력이 약해지고 집중과 기억에 어려움이 생기는 등 아이의 전반적인 학습력이 저하된다. 특히, 배움이 느린 아이는 학습 스트레스를 많이 받는다. 부족한 휴식 시간, 성취와 경쟁을 강조하는 주변 환경, 부모와 교사의 높은 기대, 성적에 대한 부담 등이 스트레스의 주된 원인이다. 정신적 스트레스를 가장 많이 받는 시기는 시험 기간이다. 심할 경우 두통, 복통, 소화불량은 물론 아무것도 떠오르지 않는 상태가 되는 '시험 불안증후군'이 생길 수 있다.

19세기 프랑스 의사 에밀쿠에는 환자들이 "나는 날마다 모든 면에서 점점 좋아지고 있다"는 자기암시를 하면 회복 능력이 놀랍게 향상된다는 사실을 발견했다. 부정적 감정은 긍정적인 마음이 없을 때 생긴다. 배움이 느린 아이가 오늘의 작은 성과를 긍정적으로 평가하고 더 나아질 내일을 그린다면 막연한 스트레스와 불안을 극복하는 데 큰 도움이 될 것이다. 배움이 느린 아이에게는 부정적인 감정을 떨치고 자신감을 회복하는 일이 중요하다.

회복탄력성 연구

회복탄력성이 높은 재인이는 어릴 때부터 아주 쾌활하고, 활동성이 좋고, 평균 이상으로 언어가 발달하고, 다른 아이들보다 이런저런 일을 혼자서 잘한다. 초등학교에 들어가서는 더욱 총기가 있고 과제 해결에 높은 관심을 보인다. 재인이의 엄마는 재인이를 아주 키우기 쉽고 까다롭지 않고 어딜 가더라도 물의를 일으키지 않는 아이라고 말한다.

***

경제적으로 빈곤한 환경에서 태어난 아이는 풍족한 환경
에서 자란 아이보다 여러 문제에 부딪힐 확률이 높다. 하지만
환경에 제약이 있어도 훌륭하게 성장하는 사람들도 많다. 오래
전부터 회복탄력성 연구는 어떤 사람은 유년기에 외상적 경험
을 해도 성공적인 삶을 영위하는 반면, 어떤 사람은 비슷한 경
험을 해도 무너지고 마는 이유에 대해 묻고 궁리했다.

이러한 연구를 통해 어떤 성격적 특성이 보호막처럼 작용
해 고난을 이겨내도록 돕는다는 사실이 드러났다. 연구자들은
처음에는 이것이 타고난 능력이라고 생각했지만, 최근에는 여
러 요인들이 다가올 위기와 부담을 이겨낼 저항력 형성에 결정
적인 영향을 미친다는 사실을 알게 되었다.

심리학자 에미 워너는 그 요인들을 개인적 요인, 가정적 요
인, 사회적 요인으로 구분했다. 개인적 요인은 이 장기적 연구
에 참가한 사람들의 어린 시절에 확인된 특징들이다.

개인적 요인

회복탄력성이 높은 성장기 아이들에게서 에미 워너는 자
신감, 즉 어떤 일을 해낼 수 있고 그것을 자랑스러워하는 특징
을 발견했다. 인생에서 무엇인가를 이루어내고자 하는 아이의

강인한 의지와 계획을 세우고 실현하는 능력이 바로 여기에 해당된다.

가정적 요인

가정에서 확고한 규칙과 가족 간의 신뢰, 부모의 모범이 아이의 회복탄력성에 긍정적 영향을 미친다. 성별에 따라 영향을 받는 정도가 달라지기도 하는데, 남자아이와 여자아이 모두 가정에서 신뢰하는 동성의 어른이 독자성을 중시하거나 모범을 보일 때 영향을 많이 받았다.

사회적 요인

사회적 환경도 아이에게 보탬이 될 수 있다. 아이가 역경을 겪었을 때, 외상적 체험을 했을 때 친구들이 정서적 지주가 되어줄 수 있다. 그러나 에미 워너의 말을 빌리면, 친구 이 외에도 아이의 회복탄력성에 중요한 인물이 있다. 위태로운 시기에 아이 편에 서거나 모범이 되어줄 나이 많은 멘토들도 아이의 심리적 저항력을 튼튼하게 해준다.

에미 워너는 40년간 하와이 카우아이 섬의 아이들을 종적 연구하면서 회복탄력성의 개념을 만들었다. 도저히 정상적으로 자랄 수 없는 환경에서도 아주 잘 자란 아이들에게는 공통적인 특성이 있었는데, 그들이 3세가 되기 이전에 큰 사랑을 주고, 지켜준 어른이 곁에 있었다는 것이다.

배움이 느린 아이에게 회복탄력성을 길러주려면

몸의 근육이 삶의 활기를 주고 생명력을 불어넣듯이 회복
탄력성은 절망과 좌절 등 마음속에 침입하는 온갖 잔병을 막아
준다. 운동을 통해 근력을 키울 수 있듯이 회복탄력성은 훈련과
교육을 통해 얼마든지 기를 수 있다.

객관적으로 파악하고 긍정적으로 수용하게 하자

회복탄력성도 훈련과 연습의 과정을 통해 습득할 수 있다.
한마디로 뇌를 재구성하는 것이다. 즉, 부정적인 사건을 만나거
나 실수를 저질렀을 때, 뇌가 일어난 사실 자체를 객관적으로
파악하고, 나아가 이를 긍정적으로 수용하도록 훈련하는 것을
말한다. 이런 훈련을 통해 아이는 뇌가 원하는 방향으로 스스로
마음을 움직일 수 있게 된다.

아이의 위기나 실수를 격려하고 응원하자

자신의 감정을 잘 다스리는 습관을 갖게 되면 나중에는 분
노나 짜증처럼 부정적 감정을 다스릴 수 있을 뿐만 아니라, 필
요할 때 신나고 기쁜 감정을 스스로 불러일으킬 수도 있다. 감

정을 잘 다스리면 그만큼 위기 상황에서 자신을 믿고 스스로 결정을 내릴 힘이 생긴다. '위기에도 불구하고'가 아니라 '위기 덕분에' 능력을 발휘하는 아이로 자라게 하려면 부모가 먼저 아이의 실수 앞에서 격려와 응원을 해주고, 아이가 선택한 결정에 끝까지 믿음을 보여주어야 한다.

아이의 성과보다 기쁨에 집중하자

부모는 좋은 점수를 받은 아이를 칭찬하면 아이가 그 점수로 충분하다고 생각해 더 이상 노력하지 않을지도 모른다고 걱정한다. 아이가 항상 더 나은 결과를 요구하는 험난한 사회에서 살아가야 하기 때문에 어린 시절부터 그 방식을 익혀야 한다고 생각하는 것이다.

아이는 기쁨을 체험하고 그 기쁨을 먹고 성장한다. 따라서 아이의 의욕을 키우기 위해서는 아이가 충분히 기쁨을 느껴야 한다. 기쁨에 의식을 집중하는 습관을 익히도록 부모가 도와주자. 기쁨을 느낀 아이는 스스로 다음 행동을 구상하고 실천한다. 아이에게는 기쁨 자체가 마음으로 얻는 보상이다. 마음이 채워졌을 때 사고나 행동에 결정적인 영향을 미친다.

실질적으로 도와주자

스트레스를 받는 시험에서 점수가 아무리 나빠도 부모가

여전히 자기를 사랑하고 좋아할 것이라고 믿는 아이는 다음에 겪는 스트레스 상황을 쉽게 극복할 수 있다. 부모가 "넌 할 수 있어"라고 격려하면서 아이에게 자신감을 주고, 아이의 잠재력을 고양시켜야 한다.

아이가 시험을 망칠까 두려워하면 부모가 시험 공부를 도와줘 시험에 대한 두려움을 해소할 수 있게 하자. 스트레스 관리법을 아이에게 가르쳐주는 것도 좋다. 심호흡하기, 책 읽기, 긍정적인 연상하기 등의 이완 훈련을 아이에게 알려주어 스트레스 해소 능력을 키워주는 것이다. 이완 훈련은 초등학교 입학 전부터 시작할 수 있다.

Chapter 6

나는 아이의 공부를
돕는 부모일까,
망치는 부모일까?

아이를 재촉하는 부모

    재촉하는 부모가 있다. 모두 100점을 맞아야 하고, 1등을 해야 하고, 좋은 친구를 사귀어야 하고, 가장 좋은 대학에 가야 한다고 강요하는 부모 말이다.

    배움이 느린 아이는 지나치게 높은 기대 수준을 끊임없이 요구받으면 스트레스를 받는다. 초기에는 그로 인한 초조, 걱정, 근심 등의 불안 증상이 발생하고 점차 우울 증상이 나타나게 된다. 대부분의 경우 불안이나 우울 증상은 일시적이고 스트레스 요인이 사라지면 증상도 사라지게 된다. 그러나 스트레스 요인이 너무 과도하거나 오래 지속되는 경우, 아이가 스트레스 상황을 이겨낼 힘이 약화되어 있는 경우에는 각종 정신 질환으로 발전할 수 있다. 스트레스로 인해 흔히 생길 수 있는 정신 질환은 적응 장애, 불안 장애, 기분 장애, 식이 장애, 수면 장애, 신체형 장애, 알코올 사용 장애 등이다.

그러나 스트레스가 정신 질환만을 일으키는 것은 아니다. 스트레스는 신체 질환의 발생 원인이나 악화 요인이 될 수 있다. 특히 스트레스에 취약한 우리 몸의 기관인 근골격계, 위장관계, 심혈관계에 영향을 줘 긴장성 두통, 과민성 대장증후군, 고혈압을 일으킬 수 있다. 문제는 장기간의 스트레스다. 아이가 장기간 스트레스를 받으면 면역 기능이 떨어져 질병에 걸리기 쉬운 상태가 된다. 자주 감기에 걸릴 뿐 아니라 무력감에 빠지며, 암과 같은 심각한 질환을 앓을 수도 있다.

부모는 아이가 스트레스를 받다 보면 스트레스에 강해질 것으로 생각한다. 물론 적당한 스트레스는 아이를 강하게 할 수 있다. 생활의 윤활유로 작용해 자신감을 심어주고 일의 집중력과 창의력을 높여줄 수 있다. 적당한 스트레스가 회복탄력성을 높이기 때문이다.

그러나 재촉하는 부모는 아이의 회복탄력성을 소진시키는 경향이 있다. 회복탄력성이 높은 아이들을 살펴보면, 성공 가능성을 믿어주는 어른뿐만 아니라 높은 기대 수준을 제시하는 어른들이 곁에 있다. 자녀에 대한 기대 수준이 지나치게 낮거나 지나치게 높은 것은 아이에게 좋지 않다. 회복탄력성이 낮은 아이는 받아쓰기 시험에서 나쁜 점수를 받았을 때 가장 먼저 자신을 비난한다. "내가 너무 멍청해서 시험을 망쳤어." 그다음에는 일반화한다. "나는 제대로 하는 게 한 가지도 없어." 마지막에는 영구화한다. "결코 받아쓰기를 잘할 수 없을 거야."

부모의 재촉이 아이에게 미치는 영향

부모가 재촉을 하면 순식간에 아이의 뇌는 세 가지 호르몬을 방출한다. 첫 번째 호르몬은 시상하부에서 분비하는 코르티코트로핀이다. 폭발적인 에너지를 생성하는 아드레날린의 분비를 유도한다. 두 번째 호르몬은 부신수질에서 분비하는 아드레날린이다. 심장박동을 증가시켜 근육으로 가는 혈류량을 증가시키고, '도망갈 행동'을 취하기에 적합한 신체 상태를 만든다. 세 번째 호르몬은 부신피질에서 분비하는 코르티솔이다. 혈당을 올려 몸이 좀 더 많은 에너지를 사용할 수 있게 하고 통증에 대한 민감성을 낮추며 염증 반응을 자제하고 면역 기능을 항진시킨다.

스트레스는 우리 뇌를 긴장시켜 감정적으로 과도하게 예민한 상태로 만든다. 사고의 폭이 좁아져 융통성 없이 하나의 생각으로 자신을 몰아가 문제 해결 능력을 떨어뜨리는 것이다. 신체적으로는 기운이 없고 질병에 취약해지고 정서적으로는 무력감과 우울을 느끼며 매사에 부정적인 태도로 일관하게 된다. 결국 집단 혹은 사회로부터 스스로를 격리한다. 심하게 소외감을 느끼면서도 타인과의 관계를 단절한다.

만성적인 스트레스 상황에서 기억력은 저하되지만, 생존을 위협했던 감정적인 기억들은 언제든 신속히 떠올릴 수 있게 저장된다. 만성적인 스트레스에 의해 문제 해결 중추인 전두엽이 마비되고, 자동적이고 습관적인 행동을 유발하는 감각 운동 중추인 선조체가 활성화된다. 이는 스트레스가 감정의 뇌를 소진시키고 자율신경계의 항상성을 깨트리며, 회복되기 위해서는 엄청난 에너지 공급이 필요하다는 뜻이다. 그런데 스트레스가 회복되지 않고 1~3년간 지속되면 위험하다. 계속되는 교감신경계의 과부화와 사소한 자극에 스트레스 반응을 보이다가 마침내 정신적 에너지가 고갈되어 얼어붙은 상태, 희망 없는 상태, 우울한 상태에 빠지게 된다.

아이들에게 극적인 스트레스를 주는 외적 요인으로는 부모의 죽음, 이혼같이 사랑하는 사람과 헤어진 상황이 있다. 그 외에도 질병, 신체 손상, 운동 부족, 영양 결핍, 수면 장애 등 생리적 이상이 있을 때도 스트레스는 발생한다.

특히 배움이 느린 아이는 가정, 유치원, 학교에서 갈등이나 문제가 생길 확률이 높기 때문에 심리적 어려움이 증폭된다. 발표, 입학, 휴가 등과 같은 즐거움을 주는 긍정적 생활 사건도 정신적 부담을 가중시킬 수도 있다.

물론 스트레스 요인이 전혀 없는 것이 건강에 반드시 좋은 것은 아니다. 배움이 느린 아이 중에는 긴장을 하지 않는 아이가 있다. 스트레스 요인이 없으면 지겨움이나 권태가 지속되고 학습된 무력감을 거쳐 우울증과 같은 병적 상태에 이를 수 있다. 아이는 적당한 스트레스를 받아야 집중력과 기억력이 좋아진다. 또한 적당한 스트레스는 학업 성취도를 높이고 정신 건강과 신체 건강에도 도움이 된다.

긍정심리학자 마틴 셀리그만은 스트레스 상황을 부정적으로 받아들이면 결국 질병으로 가게 되지만, 긍정적으로 받아들이면 행복해질 수 있다고 했다. 스트레스 요인에 대한 인지적 평가가 중요하다는 것이다. 스트레스 요인이 발생하면 먼저 그것이 '위협적인가 또는 도전해 볼만한가'라는 일차 평가가 일어나게 되는데, 만약 위협적이라고 평가한다면 그 위협과 위협에 따른 부정적인 감정을 처리하기 위해 다양한 대처를 해야 한다.

스트레스의 악순환에서 아이를 구하려면

부모는 아이의 스트레스 해소를 위해 적극적으로 노력할 필요가 있다. 아이에게는 누구나 회복탄력성이 있다. 만약 아이가 '스트레스-불안-우울'의 고리에 빠져 있다고 생각된다면 주저하지 말고 그 악순환의 고리에서 탈출해야 한다.

생각, 감정 등을 분명히 표현하게 하자

아이가 평소 자신의 생각과 느낌, 의견 등을 말로 충분히 표현할 수 있다면 부당한 대우를 받았을 때 적절한 대처가 가능하다. 말은 아이를 지켜주는 일종의 수단이다. 부모가 든든한 지원자가 되어 "너는 할 수 있어!", "네 뒤에는 엄마 아빠가 있어"라고 격려한다면 아이의 자존감과 긍지가 높아진다.

잔소리를 줄이자

부모의 잔소리는 아이에게 스트레스를 준다. 부모의 입장에서는 아이가 공부를 잘하기 바라는 마음에서 하는 말이지만, 잔소리를 듣게 되면 부모에 대한 스트레스뿐 아니라 공부 자체에 대한 스트레스도 생긴다. 잔소리를 듣고 자란 아이는 학교에서도 공부를 잘 못하거나 문제를 틀리면 교사로부터 야단을 맞을까 봐 두려워한다. 더구나 아이는 다른 친구보다 더 공부를 잘하고 싶은 마음은 앞서지만 실제로는 더 못할 때 스트레스를 받는다. 잔소리를 많이 듣고 자란 아이는 친구의 의견도 자기를 무시하는 것으로 생각하기 쉽다.

아이를 비난하지 말자

아이를 비난하지 말고, 아이의 행동을 비판하자. 절대로 아이를 비웃거나 놀리지 말자. 재촉하는 부모 아래에서 자란 아이는 무슨 일이든 대충대충 하는 버릇이 생기기 쉽다. 공부도 마찬가지로 설렁설렁 한다. 잔소리를 하면 잠깐 책상에 붙어 있다가도 곧 딴짓을 하고 이것저것 만지고 몸을 비비 꼰다.

부모는 비난보다는 아이의 말을 귀 기울여 듣고 아이를 인정해줄 필요가 있다. 부모가 공부에 대한 아이의 스트레스를 충분히 들어주고, 어려움이나 힘든 점을 인정해주는 것만으로 스트레스의 상당 부분이 해소될 수 있다. 잔소리와 비난은 스트레스를 악화시키고 아이를 위축시켜 자신감의 씨가 마르게 한다.

문제 해결 방법을 스스로 찾게 하자

아이 스스로 문제를 해결하도록 유도하는 것이 중요하다. 아이의 잘못된 행동에 대해 부모가 바로 지적하기보다는 질문을 통해 아이 스스로 생각해볼 수 있는 기회를 마련해주자. 이때 부모는 아이와의 대화를 이끌어내는 도우미 역할을 해야 한다. 만일 아이가 적절하지 않은 결론을 내렸다면 대화를 통해 실제로 행동했을 때 어떤 결과가 나올 수 있는지 예측하게 도와주자.

아이의 의욕을 꺾는
부모의 말투

아이의 의욕은 부모의 말투에 꺾이곤 한다. 따라서 부모는 자신의 말투를 점검할 필요가 있다. 아이의 의욕을 살리는 부모의 대화법이 따로 있는 것이다.

부모가 아이를 존중하는 원칙을 가지면 이런저런 조언에 흔들리지 않고 중심을 잡을 수 있다. 부모가 칭찬을 한다고 해서 아이가 무조건 좋아하는 것은 아니다. 나쁜 말투를 고치고, 아이를 존중한다는 기본 원칙하에 아이의 의욕을 키우는 대화법을 익혀야 한다. 부모가 아이를 존중하는 태도를 보이면 아이는 이런저런 조언에 흔들리지 않고 중심을 찾을 수도 있다.

부모의 말투가 아이의 호기심도 북돋울 수 있다. 예를 들어, 아이가 "엄마(아빠), 개나리는 왜 노란색이에요?", "달걀노른자는 왜 노랗고, 흰자는 왜 흰 거예요?"라고 묻는다면 부모는 어떻게 대답해야 할까? 일단은 아이의 호기심을 칭찬해야 한다. "아주 대단한 생각을 했구나! 엄마(아빠)도 아직 그 이유를 잘 모르겠는데, 우리 같이 알아볼까?" 이렇게 상호작용을 해주면, 아이는 분명 기뻐할 것이다. 그리고 부모가 자신의 생각을 칭찬해주면 스스로 아주 기발하고 근사한 생각을 했다고 믿게 된다. 그 과정들을 겪으면서 아이는 스스로 궁리하고 탐색하는 태도를 가지게 된다. 자신의 생각을 키워나가게 되는 것이다.

그렇다고 매번 아이의 호기심을 키워주기 위해 의도하고 준비된 대답만을 하라는 말은 아니다. 부모는 상담사가 아니다. 하루 종일 일하고 지친 몸으로 성인군자처럼 대화할 수는 없는 일이다. 평소에는 그냥 자연스럽게, 어떤 전략이나 의도 없이 대화하면 된다. 그게 제일 좋은 대화법이다. 그러나 아이가 심리적으로 약해졌을 때나, 부모와 자녀의 관계가 악화됐을 때처럼 부모가 상담사 역할을 해야 하는 순간이 있다. 그때는 아이를 존중하는 대화법을 꼭 실천해야 한다.

아이를 망치는 부모의 말투

비교하는 말투

누군가와 비교해 칭찬하는 말은 상대보다 자신이 잘났다는 인식을 심어주고 상대를 얕보는 마음을 키운다. 설령 칭찬이라도 아이 앞에서 형제자매를 비교하는 것은 현명하지 못하다. 그것은 부모에 대한 불신감으로 이어진다. 아이는 부모의 애정이 무조건적이고 절대적이기를 바란다. 하지만 형제자매끼리 비교를 당하면 부모의 애정에 확신을 가질 수 없게 된다. 또한 "○○보다 성적이 좋아"라는 말 역시 공부란 누구를 이기기 위해 하는 것이라고 가르치는 셈이다.

부정적인 말투

부모는 "안 돼"라는 말을 달고 산다. 대부분 상황이나 행동을 말하는 것이지만 아이는 자신의 존재 자체를 부모가 부정한다고 느낀다. 아이가 받아쓰기를 틀렸을 때 부모가 "실수하지 마"라고 말해도 아이는 "넌 안 돼"라고 받아들이는 것이다. 매사에 안 된다는 말을 들으면 아이는 계속해서 "난 안 돼", "난 못해"라는 생각을 갖게 된다. 그 사소한 말들이 차츰 상처로 굳어진다. 그렇기 때문에 부모는 "안 돼", "아니" 같은 부정적인 말을 의식적으로 사용하지 않아야 한다.

협박하는 말투

"숙제 안 끝내면 간식은 없는 줄 알아." "공부를 안 하면 게임은 못하게 할 거야." 이런 말을 부모들은 손쉽고 빠르며 효과적이라고 생각해 상당히 자주 사용한다. 하지만 아이는 그런 말을 반복해 들을수록 무덤덤해지기 때문에 생각만큼 효과가 있지 않다. 오히려 아이는 더 말을 듣지 않게 되고 부모는 더욱 강한 위협이나 벌을 내리는 악순환이 이어질 수 있다. 또한 부모에게 "그렇게 하면 앞으로 ○○해주지 않겠어" 같은 말을 자주 들으면 아이가 반발심을 가질 수 있다. 부모 말을 따라야 한다는 것을 알면서도 일부러 하지 않게 된다.

감정적인 말투

감정적인 말투가 좋지 않은 이유는 말의 본래 의도는 없어지고 감정에만 휘둘리기 때문이다. 해서는 안 되는 이유, 해야 할 이유가 아이에게 전해지지 않고 화난 부모만 남는다. 애초에 부모가 감정적인 말투로 말할 때는 이미 화가 상당히 난 상태다. 그 상태에서는 아이가 어떤 대답을 해도 화가 날 수밖에 없다. 부모 스스로 감정의 소용돌이에 말려든 것이다.

감정적인 말투는 이유를 듣기 위한 목적이 아니라 아이를 꼼짝 못하게 제압하려는 의도로 사용된다. 아이가 "나 혼자 그런 게 아니야. ○○도 같이 한 거야"라고 변명이라도 하면 부모는 더욱 화가 치민다. 그래서 "핑계를 대지 마. 너도 했잖아!"라고 쏘아붙인다. 부모 입장에서는 나쁜 행동을 했는데 남 탓만 하는 아이에게 화가 나지만, 아이 입장에서는 잘못된 행동을 한 것은 맞지만 부모가 사실을 알아주기 바라는 것이다.

존재를 부정하는 말투

부모의 미움을 받는 것은 아이에게는 최대의 공포다. 따라서 아이의 존재를 부정하거나 인격을 부정하는 말이 들어간 위협적인 말은 해서는 안 된다. 또한 위협적이지 않아도 "이렇게 해주는 아이가 엄마(아빠)는 좋아"라는 말은 바람직하지 않다. 이 말을 뒤집으면 "이렇게 해주지 않는 아이는 싫어"가 되기 때문이다. "조건부로 널 사랑해"라는 메시지가 되어버린다. 아이를 전폭적으로 지지한다는 메시지가 없으면 아이는 불안해한다.

말로 아이의 의욕을 키우려면

부정어를 섞지 말자

부모의 말에는 "숙제를 하나도 안 했네", "숙제 좀 해" 같은 부정적이고 비난하는 말이 들어 있는 경우가 많다. 온화한 어조로 말해도 말속에 "아니다", "안 돼" 등 부정어가 들어 있으면 아이는 순순히 받아들이기 어렵다. 그런 말 대신 "숙제하자", "숙제하고 나서 놀면 기분이 좋겠지" 같은 단순하고 긍정적인 말이면 더 좋다.

먼저 공감하자

공감을 받으면 아이는 부모가 자신의 기분을 알아준다는

생각에 편안함을 느낀다. 생각이 편해지면 부모의 말을 받아들이기가 수월해진다. 특히 아이가 속상해하거나, 슬퍼하거나, 힘들어할 때는 무엇보다 공감해주는 것이 중요하다. 아이가 화가 나 있거나 침울해할 때 부모는 먼저 위로와 격려를 건네자. 먼저 아이의 기분을 공감해주고, 아이와 많은 대화를 나누고, 마음에 쌓아둔 생각을 텅 비우게 도와주자. 그래야 아이도 부모의 조언과 격려를 받아들일 수 있다. 아이에게 말이나 행동에 공감한다는 표시로 "~구나" 하고 맞장구를 쳐주는 것도 좋다.

아이의 감정을 읽고 따라 하자

하지만 "~구나"와 같은 말투는 아이가 말하지 않은 속마음을 알아야 할 수 있다. 잘못하면 지레짐작하게 되어 제대로 대화할 기회를 놓치게 된다. 이때는 아이의 감정을 읽어주고 똑같이 따라 하는 것이 도움이 된다. 아이가 평소보다 받아쓰기 시험을 잘 보고 와서 "엄마(아빠), 나 받아쓰기 여섯 개 맞았어!" 하고 기뻐할 때 부모가 아이가 내놓은 감정을 읽어주지 않으면, 아이는 헷갈린다. '엄마(아빠)는 기쁘지 않은 걸까?', '기뻐하면 안 되는 일인가?'라고 생각한다. 자기 감정에 의문이 생기면서 아이는 언제 기뻐해야 할지 모르게 되고 점점 감정을 표현하지 않게 된다. 하지만 부모가 감정을 읽어주고 따라 하면 아이는 안전하게 감정을 표현하게 된다. 그때 부모는 팩트가 아닌 아이의 감정에 초점을 맞춰야 한다.

간접적인 화법을 쓰자

'나 전달법'이라는 것이 있다. 부모의 감정을 아이에게 쏟아내지 않고, "네 행동 때문에 내 감정이 이렇다"라고 설명하는 것이다. "너 왜 자꾸 떼쓰는 거야"가 아닌 "네가 자꾸 떼쓰면 엄마(아빠)가 너무 힘들어"라고 말하는 것이다. 부모가 간접 화법을 쓰면 아이는 자신에 대한 직접적인 공격이 아니라고 느끼고, 상처를 덜 받는다.

개방형 질문을 하자

대부분의 부모는 "엄마가 좋아, 아빠가 좋아?", "토요일에 갈래, 일요일에 갈래?"라는 식으로 양자택일의 질문을 한다. 양자택일만 하는 폐쇄형 질문보다 "왜 일요일에 가고 싶어?"라고 생각이나 이유를 설명할 수 있는 개방형 질문을 해야 아이의 사고 폭을 넓힐 수 있다.

융통성을 발휘하자

예를 들어 아이가 칼을 써보고 싶다고 말하면 "아직 안 돼!"라고 단정 짓지 말고, 융통성을 발휘해 칼을 써보고 싶어 하는 아이에게 안전한 아동용 칼을 준비해주자. 또 어느 부분까지 부모가 썰고 나머지는 아이가 하도록 하는 방법도 있다. 어느 쪽이든 아이가 의욕에 불타 있을 때는 안전하고, 가능한 범위에서 할 수 있게 해주는 게 좋다. 아이는 '해냈다'는 성취감을 맛보고 나면 할 수 있다는 자신감을 얻게 된다.

유머도 부모와 아이 사이에 융통성을 만들어준다. 아이에게 무엇인가를 지시를 하거나 시킬 때 재미있게 말하면 아이는 기쁘게 따라줄 것이다. "다음에 할 일이 뭐였더라? 밥 먹기? 숙제? 아냐, 아냐, 손 씻기였나?" "질문! 잠자기 전 해야 할 일은 무엇일까? 1번 과자 먹기, 2번 학교 가기, 3번 이 닦기." 이런 식으로 부모가 유머러스하게 말하면 아이는 "○○해!"라는 말을 들었을 때보다 훨씬 기뻐한다. 아이와 부모와의 관계도 좋아진다.

헬리콥터 부모와
잔디깎기 부모

혜진이 엄마는 혜진이가 학년이 올라가도 언제나 아이 곁을 맴돈다. 혜진이가 숙제를 다 못했을 때는 교사에게 그럴 만한 이유가 있으니 이해해달라고 부탁하고, 친구들과 싸울 때는 끼어든다. 또 혜진이가 학교 준비물을 챙겨가지 않으면 직접 가져다주고 아픈 기미가 조금만 보여도 집으로 데려온다. 혜진이 엄마는 혜진이를 위해서라면 어떤 일도 마다하지 않는다.

＊

아동심리학자들과 교육학자들은 어려서부터 부모에게 관리를 받은 아이는 나중에 자기 관리 능력을 상실한다고 경고한다. 무엇이든 부모가 대신 선택해주는 아이는 자율성을 키울 수 없고, 더 나아가 다른 사람들과 쉽게 어울리지 못한다. 이런 아이는 어른이 되어도 부모의 도움을 받아야 한다.

19세기에 부모들도 아이들이 좋은 직업을 갖게 하려고 노력했다. 그 부모들이 꿈꾼 '자녀의 이상화'를 오늘날 부모들도 따라 하고 있는 것이다. 우리는 갖고 싶지만 자신은 갖고 있지 않은 자질을 가진 사람을 이상화한다. 그래서 이상화한 사람을 특별한 차원에 사는 사람처럼 여긴다. 유아기나 초등학교 저학년 자녀를 이상화하는 부모는 평생 그럴 위험성이 높다.

부모의 이상화에 쫓아가지 못하는 아이들은 배움이 느린 아이가 된다. 자녀 관리의 또 다른 문제점은 아이의 자율성을 심각하게 위협한다는 것이다. 자율성은 부모의 인정을 받을 때 생겨난다. 그래서 아이는 자기가 의존하고 싶은 부모에게서 독립해야 하는 모순된 상황에 처하게 된다.

완벽한 부모가 되어서는 안 된다. 완벽한 부모는 자식에게는 비정상적인 부모다. 그저 있는 그대로 아이에게 최선의 것을 최선을 다해 해주어도 실수나 실패가 생긴다. 우리의 인격은 그런 실수와 실패의 과정을 경험하면서 구축되는 것이지 비현실적인 과보호의 세계에서 형성되는 것이 아니다.

헬리콥터 부모

헬리콥터 부모란 마치 착륙 지점 주변을 맴도는 헬리콥터

처럼 거센 치맛바람, 바짓바람을 일으키며 아이의 삶에 끊임없이 참여하는 부모를 지칭한다.

헬리콥터 부모는 언제나 아이 곁에 머물면서 사사건건 간섭하고 지시하고, 아이에게 무슨 문제가 생기면 바로 해결해준다. 자녀가 스스로 문제를 해결할 수 있도록 거리를 두는 것이 아니라 아주 가까이에서 사소한 것들까지 신경 쓰며 과잉보호하는 것이다. 마치 학습 매니저가 된 듯 수업의 진도를 하나하나 체크하는 것은 물론 아이의 숙제를 대신해 좋은 점수를 받게 하고, 교우 관계나 장래 희망까지 대신 결정하는 것이 특징이다.

이러한 헬리콥터 부모는 아이가 다 성장한 이후에도 취업이나 결혼 등의 문제에 지나치게 참견하는 경우가 많다. 주체적으로 행동하지 못한 채 부모에게 의존하는 '마마보이', '파파걸'은 이러한 헬리콥터 부모에 의해 만들어지는 것이다. 아무리 좋은 의도를 가진 헬리콥터 부모라도 아이가 자연스럽게 부모 곁을 떠나 독립적인 성인으로 자라는 과정을 가로막는다.

잔디깎기 부모

잔디깎기 부모란 주변의 불필요한 잔디들을 미리미리 깎아버리듯 아이 앞에 놓인 장애물들을 미리 해결해주는 극성스러운 부모를 말한다. 이는 미국의 명문대 재학생들이 부모의 극성에 시달리다 목숨을 끊는 일이 사회적 문제로 대두되면서 생겨난 표현이다. 아이비리그 중 한 곳인 펜실베이니아대학교에서는 13개월 동안 무려 6명이 스스로 목숨을 끊었다. 당시 미국 언론들은 재학생들의 자살 원인 중 하나로 잔디깎기 부모의 증가를 꼽았다. 부모의 과잉보호가 아이의 의욕을 떨어뜨리고 자살율을 높이는 부작용을 초래했다고 본 것이다.

헬리콥터도 잔디깎기도 아닌
인공위성 부모가 되려면

헬리콥터 부모나 잔디깎기 부모가 늘어나는 것은 어른의 가치관에 아이의 자주성과 주체성을 맞추려고 하기 때문이다. 자주성과 주체성을 잃어버린 아이는 "하고 싶다고 해 봤자 소용없어"라고 체념하게 되고 무력감을 느끼게 된다.

아이의 의욕에 집중하자

중요한 것은 아이가 가진 의욕 그 자체에 눈을 돌리는 것이다. 교육을 위해, 남의 눈을 의식해, 아이를 위해라는 대의명분으로 부모의 가치관을 강요하는 것은 아이에게 백해무익하다. 아이의 기분, 기호, 흥미, 관심, 재능, 의사, 적성 등은 제쳐두고 부모 멋대로 만든 틀에 아이를 억지로 맞추려고 한다. 그것을 위해 도로를 만들고 아이에게 그 위를 달리라고 한다. 그러나 아이의 의욕에 집중하지 않으면 아이는 부모의 뜻대로 달려가지 않는다.

아이 스스로 생각하고 행동하게 하자

아이의 행복을 생각한다면 어떻게든 스스로 생각하는 아이, 스스로 행동하는 아이로 키워야 한다. 그것이야말로 아이를 행복하게 만드는 최고의 비결이다. 물론 부모에게도 부모 나름의 생각이 있을 것이다. 하지만 권위적인 말투로 아이의 의견을 묵살하면 아이는 점점 자기 의견을 말하지 않게 된다. 어린아이는 얼핏 순종적으로 행동해도 마음속에는 불만을 품고 "무슨 말을 해도 들어주지 않아"라는 무력감을 느낀다. 당연히 능동적인 배움이 느려질 수밖에 없다.

아이의 호기심을 존중하자

아이는 호기심 덩어리다. 이것저것 보고 만지며 항상 호기심 어린 행동을 한다. 아이 스스로 '이렇게 하고 싶다'는 주체적인 기분을 표현했을 때 부모가 그것을 하게 하느냐, 못 하게 하느냐에 따라 아이의 자주성이나 주체성의 성장이 크게 달라진다. 그날그날의 축적은 이후의 행동에도 큰 영향을 끼친다.

아이의 호기심을 충족시키는 일은 과감한 도전이 필요할 수도 있다. 그러나 하고 싶다고 주장하고 실제로 이루어낸 경험은 성취감으로 이어진다. 그런 경험의 축적은 자주성과 주체성을 익히는 데 아주 중요한 역할을 한다. 아이가 호기심을 가지고 주체적으로 하고 싶어 하는 일은 여건이 허락하는 한에서 충분히 시켜주는 게 좋다.

선택할 기회를 주자

부모는 아이가 주체적으로 살아가기를 무의식적으로 바라지 않는다. 안타깝게도 그런 부모는 아이가 부모의 말을 잘 듣고, 부모의 가치관으로 살아가기를 바란다. 그래서 옷과 같은 일상의 선택권도 부모가 갖는 것이다.

물론 아이의 자주성과 주체성을 키운다며 모든 결정을 아이에게 맡겨버리는 것은 지나칠 수 있다. 아이 스스로 결정을 내리지 못해 곤혹스러워할 때는 부모의 도움이 필요하다. 그럴 경우에는 "이 세 가지 중에서 어느 게 좋을까?" 하고 선택지를 좁혀주고 아이 스스로 결정하게 도울 수 있다. 아이가 스스로 결정할 수 있으면 맡기고, 결정할 수 없으면 도와주는 임기응변식 대응도 필요하다. 중요한 것은 먼저 아이가 선택하게 하는 것이다.

소개, 추천, 설득을 하자

소개란 "이런 게 있다"라고 아이에게 말해주는 것이다. 추천이란 소개에서 한걸음 더 나아가 "하면 좋을 것 같아", "너랑 잘 맞을 것 같아"라고 적극적으로 말해주는 것이다. 설득이란 추천에서 또 한 걸음 더 나아가, 하면 어떻게 재미있는지 어떤 효과가 있는지 등을 이야기해 아이가 의욕을 갖도록 이끄는 것이다. 이 세 가지가 중요한 이유는 아이의 흥미와 의욕을 넓히는 계기가 되기 때문이다.

아이는 시야가 넓지 않아 눈앞에 있는 것을 보지 못하는 경우가 많다. 인생 경험과 정보도 적어 모르는 것이 수두룩하다. 하지만 아이가 스스로 깨닫지 못하더라도 부모는 아이에게 잘 맞거나 도움이 되는 방법을 발견하게 도와줄 수 있다. 지시나 명령보다는 소개, 추천, 설득과 같은 간접적인 방법을 통해 도움을 주는 것이다.

인지 유연성을 키우자

인지 유연성은 장애물을 만나거나, 일에 차질이 생기거나, 새로운 정보를 접하거나, 실수가 있거나 하는 등의 상황과 맞닥뜨릴 때 계획을 변경할 수 있는 능력을 말한다.

인지 유연성이 뛰어난 아이는 문제나 변화에 '물 흐르듯' 대처할 수 있다. 통제할 수 없는 변수 때문에 마지막 순간에 계획을 바꾸어야 할 때도 재빨리 새로운 상황에 적응할 수 있으며, 필요한 감정 조절도 거뜬히 해낼 수 있다. 반면 인지 유연성이 부족한 아이는 예기치 못한 변화가 닥쳤을 때 놀라고 겁에 질려 어찌할 바를 모른 채 우왕좌왕한다.

인지 유연성이 있으려면 자신을 스스로 통제한다고 느껴야 한다. 아이는 누군가가 자신을 조종한다고 느낄 때 경직된다. 상황에 어떻게 대처할 것인지 아이 스스로 결정하게 한다면 아이는 자신이 통제력을 가지고 있다고 느낄 것이다.

해결사가 아니라
파트너가 되어야 한다

　　빌 게이츠와 스티브 잡스의 부모는 교육 철학과 방식은 달랐지만 둘 다 아이의 꿈을 지지하는 파트너였다.

　　어린 시절 컴퓨터를 처음 접한 빌 게이츠가 밤새 컴퓨터만 다루며 공부를 소홀히 하자 빌 게이츠의 아빠는 혼내고 다그치는 대신 주간 복습 계획표, 주간 시간표 등을 같이 짜 계획적인 생활을 하게 도와주었다. 무엇인가에 몰입하면 시간 가는 줄 모르는 아이의 단점을 보완해준 것이다. 빌 게이츠가 하버드대학교를 중퇴하고 회사를 설립했을 때도 그 결정을 존중해줬다.

　　스티브 잡스는 머리는 좋지만 학교생활에 적합하지 않은 아이였다. 초등학교 내내 성적은 바닥이었으며, 그의 양부모는 그의 돌발 행동으로 학교에 불려 다녀야 했다. 그런 그가 놀라운 성공을 한 것은 어린 시절부터 자기가 하고 싶은 일을 분명히 알고 있었고, 부모에게 그것에 대한 인정을 받았으며, 그 방향을 향해 열심히 달려갔기 때문이다. 스티브 잡스의 아빠는 아이가 어릴 때 전자회로에 관심을 보이자, 함께 중고 부품상을 돌아다니며 필요로 하는 부품을 구해줬다. 이웃에 사는 엔지니어에게 아이를 데려가 마이크와 스피커가 작동하는 원리를 설명해달라고 부탁하기도 했다.

예나 지금이나 모든 부모는 자식이 잘되기만을 바란다. 그래서 많은 부모가 아이에게 헌신한다. 하지만 유감스럽게도 아이가 잘되기 바라는 마음은 잘못된 방향으로 흐르기 쉽다. 아이가 학교에서 배움이 느리면 부모는 불안해하고 아이의 미래가 불확실하다고 생각한다. 육체적으로나 정신적으로나 사회적으로나 아이가 궤도에서 조금이라도 벗어나려고 하면 곧바로 딱지를 붙인다. 부모는 아이가 다시 '제 궤도에 오를 때까지' 몰아붙여야 한다는 강박감을 가진다.

나는 어떤 부모인가

사회적 변화에 따라 부모의 육아법은 달라진다. 하지만 아이를 대하는 부모의 유형은 항상 똑같다.

해결사형 부모

앞서 말한 헬리콥터 부모나 잔디깎기 부모와 같다. 아이들 중에는 자신의 잠재력을 제대로 발휘하지 못하는 아이가 많다. 그 원인은 아이가 어떤 행동을 하기 전에 부모가 아이 곁에 머물면서 사사건건 간섭하고 문제를 바로 해결해주기 때문이다.

방임자형 부모

아이가 자기 일을 알아서 처리하도록 내버려둔다. 방임자형 부모는 아이 일에 소극적으로 참여하며, 아이가 결정을 내리는 데 아무런 도움을 줄 수 없다고 생각하는 경우가 많다. 그래서 아이를 내버려두고 아이는 그렇게 내버려지는 것이다.

파트너형 부모

아이 앞에 놓인 길을 파악해 아이가 현명한 결정을 할 수 있도록 도움을 준다. 파트너형 부모는 부족한 교육, 허약한 건강, 해로운 관계와 같은 숨은 위험을 찾아낼 수 있다. 반대로 좋은 또래나 학교, 직업, 기회와 같은 강점도 찾아낼 수 있다. 이런 유형은 아이의 말에 진심으로 귀를 기울이고 함께 많은 시간을 보낸다. 또한 아이가 실수를 저지르면 그 대가를 치르도록 두지만 삶이 위협받을 정도의 대가를 치러야 할 때는 바로 개입하는 특성을 갖고 있다.

아이에게는 파트너가 필요하다

유대감을 갖자

부모가 중요한 정보를 얻어 아이에게 말해준다고 해도 부모와 아이 사이에 유대감이 없다면 아이는 부모의 조언을 거부하게 된다. 그래서 부모의 가장 중요한 역할은 아이와 지속적인 유대감을 맺는 것이다. 아이와의 유대감을 잃었거나 애초부터 없었더라도 포기해서는 안 된다. "어떤 것을 좋아할까?" "함께 즐거운 시간을 보내려면 어떻게 해야 할까?" 아이와 함께하는 가장 좋은 방법은 공통점을 찾아내 아이의 영역으로 들어가는 것이다.

아군이 되자

자녀교육 전문가 제닌 워커 카프리는 《의욕적인 아이로 키우는 9가지 방법》에서 파트너형 부모가 되기 위해 먼저 해야 할 일은 아이에게 부모가 아이의 편이라는 인식을 심어주는 것이라고 말했다. 흔히 아이는 부모를 자신을 성장시키는 파트너로 보지 않고 적군으로 인식하는 경향이 있다. 그래서 아군이 되어 아이에게 도움이 되는 정보를 제대로 전달해야 한다. 그렇게 해야 부모가 발견한 정보가 정말로 유용하게 활용될 수 있고, 아이를 올바른 길로 인도할 수 있다.

부모의 기대를 아이에게 씌우지 말자

아이를 부모의 기대에 따라 키우는 것은 바람직하지 않다. 그렇게 애쓰지 않아도 아이는 부모의 기대를 무의식적으로 따르려고 노력한다. 때문에 부모는 자신의 만족이 아니라 아이의 기쁨을 중시하고 아이가 그 기쁨을 더 많이 체험할 수 있도록 신경을 써야 한다. 부모의 기대에 따라 자란 아이는 필요한 순간에 스스로의 힘을 발휘할 수 없다. 부모의 기대가 아이에게 든든한 발판이 되어주지는 못한다.

경계선을 만들자

부모가 보기에 세상은 의심할 여지없이 더욱 더 위험한 장소로 변했다. 이럴 때일수록 '경계선 설정'에 대한 필요성이 점점 더 커지고 있다. 아이는 수천 번에 달하는 경험으로 이루어져 있다. 고립되면 고립될수록, 비판을 받으면 받을수록 아이는 자기 자신과 자신의 장단점에 대해 점점 더 배우지 못하게 된다. 처벌은 권력 남용에 속하는 것일 뿐 장기적인 관점에서 보면 전혀 효과가 없다. 경계선을 만들고 아이에게 자율성을 부여하는 것이야말로 아이 자존감의 발판이 된다.

아이와 대등하고 성숙한 관계를 형성하자

부모가 아이를 대신해서 모든 일을 떠맡으면 아이는 세상에 태어난 순간부터 부모의 인생과 부모의 만족, 부모의 행복에 많은 책임감을 느낀다. 그리고 책임을 지지 못했을 때 매우 지치고 의욕을 상실하게 된다.

아이가 성장하기 위해서는 한쪽이 희생하고, 한쪽이 책임지는 기울어진 관계를 맺어서는 안 된다. 성숙한 관계를 위해서는 부모와 아이가 성공은 물론 실패까지 함께 나눠야 한다. 한쪽으로 기울어진 관계에서 아이는 자신의 삶을 책임지는 기회를 갖지 못한다. 부모와 아이가 대등하고 성숙한 관계일 때 아이는 스스로 독립해갈 수 있다.

심각한 위험에 빠졌을 때는 바로 개입하자

숙제를 대충 해버리는 것을 보고도 눈감아주면 아이는 번번이 숙제를 거르게 될 것이다. 또 나쁜 친구들과 어울리는 것을 보고도 내버려두면 결국에는 나쁜 행동을 할 수 있다. 부모는 아이의 행동 하나하나 관심을 가지고 지켜보고, 혹시 다가올지도 모를 위험이나 위협을 미리 감지해야 한다.

그리고 부모는 아이에게 충분한 자유를 제공해서 시행착오를 통해 배우는 기회를 얻을 수 있게 해야 하고, 그 과정에서 아이가 심각한 위험에 빠질 것 같다면 즉각 개입해 도움을 줘야 한다. 아이가 다 자랄 때까지 지켜보며 위험에 빠지지 않게 도움을 주는 부모가 진정한 파트너다.

글을 읽어도 이해하지 못하는 아이

청지각 난독증

초등학교 3학년 아이가 읽기를 잘 못한다고 병원에 왔다. 책에 있는 글자를 마음대로 읽고, 있는 글자를 빼먹거나 없는 글자를 덧붙여 읽었다. 처음 보는 단어는 읽는 것 자체를 어려워했다. 음치에다 악보도 잘 보지 못해 악기 교육은 일찌감치 포기했다고 한다.

***

단어의 글자 순서를 바꾸어 읽는 시지각 난독증은 아주 드물다. 난독증이 있는 아이들 대부분은 단어를 소리와 연결시키는 데 어려움을 겪는다. 소리를 식별하거나 소리의 의미를 해석하는 등의 음운 인식에 문제가 있는 것이다. 음운 인식이 되지 않으면 대화 내용을 잘 이해하지 못하며, 생각을 논리적으로 말하기 어렵고, 쓰기에도 문제가 발생할 수 있다.

ADHD나 발달장애 아이 중에는 다른 사람들이 전혀 인식조차 하지 못하는 작은 소리를 듣고 시끄럽다고 귀를 막으면서도 부모가 부르는 소리는 제대로 못 듣는 아이가 있다. 소리에 민감한 ADHD나 ASD 아이는 아주 작은 소리까지 잘 듣기 때문에 청력에는 아무 문제가 없다. 그러나 선택적 청취 기능이 떨어져서 배경 소음을 걸러내지 못한다. 너무 많은 청각 정보가 뇌로 전달되기 때문에 주의가 산만해지고 지나친 청각 정보 유입으로 두뇌에 과부하가 걸려 계속해서 소리가 들어오지 못하도록 귀를 막거나 소리를 지르는 등 소리에 방어 행동을 보인다.

소리를 처리하는 뇌

단순히 들리는 대로 모든 소리를 듣는 것을 청취hearing라고 한다면, 배경 소음을 걸러내고 중요한 소리만 선택적으로 듣는 것을 선택적 청취listening라고 한다. 우리의 뇌는 소리를 들리는 대로 듣는 것이 아니라 청지각 정보 처리 과정을 통해서 청각 정보를 정교하게 조정하고 있다. 하지만 소리가 처리되는 청지각 과정에 문제가 생기면 소리를 정확하게 이해할 수 없다.

예를 들어 고막의 기능이 떨어져도 소리를 정확하게 듣지 못하고, 중이의 청소골 연결에 문제가 생겨 소리가 제대로 증폭되지 않아도 소리를 듣기 어렵다. 큰 소음에 노출된 사람들은 섬모세포가 손상되어 소음 난청으로 특정 주파수의 소리를 듣지 못한다. 시각, 청각, 촉각을 통합하는 부위에 문제가 있는 ASD 아이는 소리와 빛을 통합하는 능력이 부족해 동시에 보고 듣는 것이 어렵다. 또 시상의 내측슬상체의 마그노세포 기능이 떨어지면 소리를 빨리 처리하지 못하기 때문에 자음이 겹칠 경우 음소를 구별하는 능력이 떨어지는 청지각 난독증이 생길 수 있다.

청력을 단순히 작은 소리까지 들을 수 있는 능력이라고 한다면 청지각 과정은 들은 소리를 뇌에서 분석하고 이해하는 것이라고 할 수 있다. 청력이 정상이어도 청지각 과정에 문제가 생기면 연속적으로 들려오는 소리를 재빨리 처리하고 무슨 소리인지 이해하는 것이 불가능하다. 듣고 말하는 기능이 떨어져서 말귀를 잘 알아듣지 못하고, 말도 어눌해진다. 또한, 글을 읽을 때 머릿속으로 글자의 소리를 하나하나 처리해나가면서 의미를 파악하는 능력이 떨어져서 글을 읽고도 이해가 안 되는 청지각 난독증이 발생한다.

청지각 난독증 아이에게 음악 훈련을

난독증 아이들 중에는 유독 음치가 많다. 단어에서 소리를 분리하고, 소리를 단어로 지도화하는 음운 인식이 안 되면 음악의 리듬과 음 높이를 감지하는 능력이 떨어지는 것이다. 그것은 단어를 읽는 것과 음악에 관여하는 것이 같은 뇌 회로를 공유하고 있기 때문이다.

하지만 음운 인식이나 해독은 측두엽이 관여하고 음악을 듣는 것은 청각피질이 관여하고 음악의 리듬은 전두엽, 피질하 구조, 소뇌가 관여한다. 일부 다른 회로를 사용하기 때문에 모든 난독증 아이가 음치는 아니다.

한 연구에 따르면 악기 연주가 듣기 능력, 언어 이해력, 읽기 능력 등을 향상시킨다고 한다. 악기를 연주하면 악기 소리, 타이밍, 음질을 잘 조화시킬 수 있어야 하는데, 그 과정에서 소리 정보에 대한 정확한 인지 능력이 발달되어 음운 인식 능력도 좋아진다. 이완된 상태에서 음의 변화를 듣고 연주하기 때문에 소리 패턴을 인지하고 그것을 상징으로 지도화하는 읽기 기술이 발달하는 것이다.

또한 노래를 부르면 단어가 강조되고 길어지기 때문에 음절을 듣기 쉽다. 영국에서 이루어진 한 연구에 따르면 어렸을 때 난독증 진단을 받고 음악 학교에서 집중적인 음악 훈련을 받은 아이들은 대학생이 되었을 때 읽기 능력이 난독증이 없는 사람과 별 차이가 없었다고 한다.

초등학교에 들어가면 대부분의 아이는 후천적인 음운 인식 능력을 가진다. 그렇지만 난독증이 있는 아이는 단어의 각

소리를 구별하지 못한다. 음소는 매우 짧은 시간 안에 이루어지는 청각적 자극이기 때문에 초등학교에 들어가서도 음운 인식을 하지 못해 난독증이 생기는 것이다. 따라서 말소리의 청각적 차이를 구분하는 집중적인 청각 훈련과 음악 교육은 아이의 읽기에 필요한 음운 인식 능력을 습득하는 데 도움을 줄 수 있다.

청지각 난독증 아이의 읽기를 도우려면

작업 기억과 청각 기억력이 읽기의 어려움에 중요한 원인이라고 해도 직접 향상시키기는 어렵다. 해당 인지 기능 혹은 감각 기능을 단기간에 유의미할 정도로 향상시키는 방법이 밝혀지지 않았기 때문이다. 또 그러한 방법이 존재한다고 해도 그렇게 해서 향상된 인지 기능, 인지 처리 과정이 곧바로 읽기 능력 향상으로 이어진다는 증거가 없는 이상 우선은 글자 읽기 능력 향상을 위한 교육에 힘써야 한다.

말소리의 분할과 조합을 가르치자

먼저 말소리가 쪼개지기도 하고 합해지기도 한다는 것을 터득하도록 도와주자. 유치원까지는 주로 동요 들려주기, 동화 구연하기 등으로 말소리를 통한 언어 교육이 이루어져야 한다.

읽기 이전에 말소리에 집중하게 하는 것이다. 끝말 공부나 끝말 잇기 놀이도 효과적이다.

그림책을 많이 읽어주자

언어 습득에서 가장 중요한 것은 듣기다. 듣기가 되면 말하기가 되고, 말하기가 되면 글자를 소리로 읽기가 가능해지고, 읽기가 가능해지면 내용 이해는 저절로 될 수밖에 없다. 듣기가 살아나면 학습 능력도 살아난다. 책에는 일상에서 자주 들을 수 없는 문어체와 단어가 풍부하기 때문에 부모가 책을 읽어주는 것이 중요하다.

부모가 시범을 보이자

아이가 소리 낼 수 없는 상태에서 소리 내게 하는 유일한 방법은 부모가 시범 보이고 소리 내는 원리를 가르치는 것이다. 아이의 흥미, 동기, 태도, 주의 집중, 가정 환경, 부모의 학습 관리 등은 해당 글자를 읽는 법을 학습하는 데 도움이 되기는 하지만, 이런 것들이 아무리 풍부하게 갖추어져도 아이는 생전 처음 보는 글자를 스스로 소리 내어 읽지 못한다.

부모가 직접 책에 쓰여 있는 시커먼 글자들을 소리 내어 읽어서 글자와 소리가 연관되어 있다는 사실을 아이에게 알려줘야 한다. 한 글자 한 글자 손가락으로 짚어가며 읽다가 아이에게 "이렇게 생긴 글자가 또 어디에 있지?"라고 물어보고, 찾으면 그 글자의 소리를 반복해 가르치자.

한글 자모음과 그에 대응하는 소리를 알게 하자

글자를 통으로 학습하기보다는 자모음에 대응하는 소리를 알고 이를 단어 발성 규칙에 따라 합성하는 방법을 배우는 것이 읽기 능력을 키우는 데 더 효과적이다. 한글 읽기의 필수 기능인 한글 자모음과 그에 대응하는 소리를 연합해 알게 하는 과정은 누구든, 그 아이가 어떤 특성을 갖고 있든 반드시 거쳐야 한다. 한글의 제자 원리, 발성 원리를 잘 이해하는 것이 우선이다.

필요하면 통글자로 익히게 하자

일반적으로 통글자로 익히는 방법은 일반화 측면에서 비효율적이지만, 불규칙적으로 변동하면서 많이 쓰이는 글자를 단시간에 익히는 방법으로는 여전히 효과적이다. 예를 들면 '에서'와 '많이'는 발성 원리에 따라 읽기를 가르치기보다 통글자로 익히게 하는 것이 시간도 더 적게 걸리고 정확하게 알게 하는 방법이다.

시지각
난독증

난독증 아이들 중에는 책을 읽을 때 필요한 눈모음이 충분하지 않아서, 근거리에서 수정체 두께의 조절 기능이 떨어져서, 글을 읽지 못하는 아이가 있다. 그런 아이는 책을 읽는 동안 눈동자의 움직임을 감지하는 특수 장치로 읽기 기능을 검사하면 두 눈으로 한 번에 볼 수 있는 글자의 폭이 보통 사람들보다 좁고, 한 글자에 머물러 있는 시간이 길다.

또한, 책을 읽어나가는 동안 두 눈동자가 한 방향으로, 같은 속도로 움직이지 못한다. 한쪽이 다른 방향으로 움직이기도 하고 양쪽 다 다른 방향으로 움직이기도 한다. 또한 줄이 바뀔 때 빨리 다음 줄 앞머리를 찾아가는 보기 운동도 느리다. 책을 잘 읽으려면 시력도 좋아야 하지만 눈으로 본 것을 대뇌에서 처리하는 시지각 기능이 좋아야 한다. 그래야 눈으로 본 것을 분석하고 이해하는 데 문제가 없다.

시지각 난독증의 발견

정신건강의학과 전문의 프레드릭 플래취가 쓴 소설《천국엔 새가 없다》의 주인공 리키는 3살 때 창문 너머로 숲을 보다가 나무들이 집 안으로 몰려오는 무서운 경험을 했다. 가족과 교사, 의사에게 말했지만 아무도 들어주지 않았다. 리키는 시력, 청력, 지능은 정상이지만 읽기, 쓰기, 수학이 안 되는 학습 장애가 있었고, 한꺼번에 여러 친구와 지내는 것도 어려워서 외톨이로 지냈다.

아이들 중에는 지배적인 뇌는 좌뇌를, 눈은 좌측을, 귀, 손, 발은 우측을 사용하는 아이가 있다. 지배적인 뇌는 좌뇌이지만 좌측 눈을 지배하는 뇌는 우뇌다. 그래서 눈을 사용할 때는 우뇌의 도움을 받아야 한다.

이런 아이들은 눈을 사용하는 공부를 힘들어하며, 스트레스를 받으면 눈의 기능이 더 떨어져서 글자가 눈에 안 들어온다. 이런 이유로 시험을 치다가 스트레스를 받으면 지문이 잘 안 보이는 현상이 생긴다. 또 손과 눈의 협응이 좋지 않아 글씨가 엉망이다. 시각적 학습이 힘들기 때문에 책을 보는 것은 당연히 싫어한다.

그러나 귀는 좌뇌와 연결이 잘 되기 때문에 주로 귀를 사용한 공부를 하려고 한다. 피아노를 칠 때도 눈으로 악보를 보는 게 아니라 귀로 소리를 듣고 암기한다. 이런 아이들은 악보와 건반 사이를 오가야 하는 눈의 움직임이 둔한 경우가 많다. 이는 시지각적 난독증에서 많이 나타나는 특징 중 하나다. 아이가 공부하는 자세가 삐딱하거나, 한쪽 눈을 찡그리거나, 손으로 가리고 책을 읽거나, 손가락을 갖다 대고 읽거나, 책을 읽을 때 눈은 가만히 있는데 머리를 움직이거나, 글을 쓸 때 줄을 맞추지 못하거나 곁눈질하는 경향이 있다면 시지각 난독증을 의심해봐야 한다.

글자를 처리하는 뇌

망막에 이미지가 정상적으로 맺히고 시력도 정상적이면 아이는 눈으로 본 것을 잘 이해할 수 있을까? 그렇지 않다. 시지각 과정이 정상이어야 가능하다. 시지각 과정에 문제가 생기면 글자의 이미지가 왜곡되어 보일 수도 있고 앞뒤 글자를 바꿔 읽기도 하며, 글자를 거꾸로 읽거나 빼먹고 읽는 등 글자의 소리와 의미를 정확하게 파악하지 못하는 시지각적 난독증이 발생할 수 있다.

망막에는 빛을 감지하는 광수용체가 두 종류 있는데, 막대 모양의 간상세포는 별빛이나 달빛 정도까지의 명암을 감지하고, 원추세포는 달빛보다 밝은 빛에서 색깔을 구별한다. 눈으로 들어온 시각 정보는 망막에서 분석되고 재조합되어 대뇌로 전달된다. 간상세포는 1억 2,000개, 원추세포는 600만 개이며 망막에 비추어진 이미지는 1억 2,600만 개로 나뉘었다가 100만 개의 신경절 세포로 통합되어 시상을 거쳐 대뇌로 전달된다. 대뇌에는 1,000억 개의 세포가 있는데 시지각 피질세포를 중심으로 거의 모든 뇌세포가 시지각 과정에 참여하다.

주변에서 들어오는 시각 정보가 전혀 가공되지 않고 뇌로 전달된다면 우리는 주변 환경이나 물체를 조각들이 모인 스냅 사진처럼 보게 될 것이다. 그러나 다행히 우리의 뇌가 전달 단계마다 정보를 변형해서 명암, 색깔, 움직임을 각각 다른 시스템에서 분석하고 통합하면서 사물을 연속적인 패턴으로 볼 수 있다.

또한, 전두엽의 기능에는 '마음의 눈'이 있기 때문에 눈을 감고도 상상할 수 있는데 이것이야말로 두뇌의 시지각 과정의 단적인 예라고 할 수 있다. 난독증이 있는 톰 크루즈가 훌륭한 배우가 된 것은 읽은 내용을 머릿속에 시각화하는 '마음의 눈' 기능이 뛰어나기 때문이다. 최면 상태에서 어떤 장면을 상상할 수 있는 것도 마음의 눈이 있기 때문에 가능하다. 실제 시각 정보가 전달되는 시상의 외측슬상체에는 눈에서 대뇌로 전달되는 신경 다발보다 대뇌 시각피질에서 내려오는 신경 다발이 80%를 차지할 정도로 더 많다. 눈에서 대뇌로 전달되는 정보 그 자체보다 들어오는 감각 정보를 예측하고 대비하고 이해하려면 대뇌에서 처리하고 가공하는 시지각 기능이 더 중요하다고 할 수 있다.

시지각 체계에서는 운동, 위치, 공간 구조의 정보를 처리하는 과정과 색깔에 관한 정보를 처리하는 과정이 분리되어서 각각 다른 시스템에서 처리된다. 달리는 차의 색깔이 보이는 것은 파보세포, 차의 속도를 보는 것은 마그노세포다. 톰 크루즈는 마그노세포의 시스템에 문제가 있어서 글자가 흔들리고 겹쳐 보이거나 어른거려서 글자를 빠른 속도로 읽지 못하고, 장시간 책을 보면 눈이 아프고 어지러우며 두통을 느낀다.

시지각 난독증 아이의
읽기를 도우려면

종이책 읽기로 안구 근육 운동을 개선시키자

글을 읽어나갈 때 왼쪽에서 오른쪽으로 안구가 부드럽게 움직이는 안구 추적 운동, 글줄의 끝에서 다음 줄 앞머리로 빨리 움직이는 홱보기 운동, 거리에 따라 안구 내 렌즈 두께를 조절하는 기능 등이 필요하다.

종이책을 읽을 때는 위에서 아래로 한 줄씩, 왼쪽에서 오른쪽으로 읽어야 한다. 그러나 아이들이 화면을 통해 읽을 때는 종이책과 달리 한 줄씩 빠트리는 단어 없이 왼쪽에서 오른쪽으로 읽는 것이 어렵다. 화면을 통해 읽을 때는 한 화면에서 보이는 단어를 골라서 읽는 경향이 강하게 나타나기 때문이다. 주로 F자나 지그재그 형태로 읽기 때문에 핵심 단어만 읽는 경향이 있다. 종이책 읽기가 안구 근육 운동에는 더 좋다. 화면에 움직이는 목표물을 보여주고 눈동자를 움직여 목표물을 따라가야 하는 컴퓨터 게임도 안구 근육 운동에 도움이 된다.

왼쪽에서 오른쪽으로 읽는 방향성을 발달시키자

시력과 안구 운동에 아무런 문제가 없어서 이미지가 망막에 정확하게 맺힌다 하더라도 망막에서 대뇌피질까지 먼 길을 가는 과정에서 정보에 대한 분석과 해석이 달라질 수 있다. 글을 읽을 때 오른쪽 눈은 글자 하나하나를 세밀하게 보지만 왼쪽 눈은 주변을 넓게 보는데, 주변 시각 인식의 폭이 좁으면 전체 문자의 뜻을 파악하는 데 어려움이 생긴다. 한글이나 영어는 왼쪽에서 오른쪽으로 읽게 되어 있는데 이런 방향성이 발달하지 않으면 형태를 지각하기 어렵다. saw를 was, dog를 god으로 거꾸로 읽고 쓰게 된다. 지속적인 그림책 읽기를 통해 왼쪽에서 오른쪽으로 읽는 방향성을 향상시켜야 한다.

시각 주의력을 높여주자

특정한 모양에서 빠진 곳을 찾는 놀이를 통해 시각 주의력을 기를 수 있다. 틀린 그림, 숨은 그림 찾기도 시각 주의력을 키울 수 있는 좋은 놀이다. 퍼즐 맞추기도 좋은데 50조각, 100조각 퍼즐을 하나 사서 아이와 함께 맞추다 보면 어느새 퍼즐에 몰두하고 있는 아이를 보게 될 것이다. 시문이나 책의 한 장을 복사해 'ㄹ'자만 지워나가는 식의 단어 캔슬링 놀이도 시각 주의력 향상에 효과적이다.

시각 기억력을 높여주자

우뇌는 시각을 중심으로 기억하고 좌뇌는 언어를 중심으로 기억한다. 따라서 우뇌와 좌뇌가 한 가지 정보를 동시에 기억한다면 당연히 기억력은 향상될 수밖에 없다. 즉 어떠한 내용들을 암기할 때 문장과 더불어 그것을 시각화한 도표를 함께 보고 외운다면 시각 기억력을 높이는 데 도움이 된다. 또한 프로그램이나 카드를 이용해 문자를 보여주고 바로 지우거나 없앤 후 조금 전에 보여준 문자가 무엇인지를 묻는 훈련, 여러 개의 문자를 천천히 하나씩 순서대로 보여준 다음 10초 후에 조금 전에 본 문자가 무엇인지를 묻거나 그 순서를 대답하게 하는 놀이도 시각 기억력에 좋다.

손글씨를 쓰게 하자

시지각 난독중이 있는 아이들은 이차원 공간에서 시각-운동 문제가 많기 때문에 손글씨가 도움이 된다. 손글씨 쓰기는 연필을 왼쪽에서 오른쪽으로 이동시키는 움직임을 아주 자연스럽게 만든다. 왼쪽에서 오른쪽으로 읽기도 자연스러워진다.

초기에는 줄 간격이 넓은 활동지를 사용하게 하자. 부모가 시범하고 아이가 따라 쓰게 한다. 특정 글자를 어떻게 쓰는지, 어떤 순서로 쓰는지, 자세는 어떠해야 하는지를 자세하게 설명해주고 따라서 반복 연습하도록 해야 한다. 보고 쓰기, 자유 쓰기 등 다양한 형태로 쓰기를 충분히 연습시키자.

안구진탕을 개선시키자

안구진탕이란 눈이 좌우, 상하로 흔들리는 현상을 말한다. 글자를 따라 눈이 부드럽게 따라가야 읽기가 가능한데, 안구가 흔들리면 글자가 흔들려 보이고 초점 잡기가 어렵다. 읽기에 문제가 있는 아이는 겉으로 볼 때 뚜렷하지 않아도 미세한 안구진탕이 있어 글자에 눈을 고정하는 것이 힘들 수 있다. 그런 경우는 안구진탕 검사로 그 정도를 파악해 교정 수술이나 비약물적 치료법을 통해 개선해야만 읽기가 좋아진다. 약시 또는 사시와 동반되는 경우가 많기 때문에 읽기에 문제가 있으면 검사를 해봐야 한다.

초등학교 입학 전에
난독증을 눈치채야 한다

철수는 생후 15개월이 지나서야 '엄마'를 말하기 시작했
다. 성장하면서도 발음의 정확도가 또래에 비해 부정확
했으며, 그림책을 읽을 때도 의성어나 의태어를 리듬감
있게 읽지 못했고, 동요를 부를 때도 박자 감각이 부족했
다. 6세부터 한글 학습을 시작했는데 그로부터 6개월이
지난 뒤에도 파닉스에 맞춰 읽지 못했다.

***

유치원 때는 공식적으로 글 읽기를 배우지 않는 시기이므
로 난독증을 진단받은 유치원생 아이도 적고, 따라서 읽기와 연
관된 증상도 거의 없다. 그렇지만 학령기가 되어 난독증을 진단
받은 아이의 어린 시절을 확인해보면 또래와 다른 점이 있다.

난독증 아이는 학령전기에 언어 발달 측면에 문제를 보인

다. 일반적으로 아이들은 '엄마'라는 단어를 생후 10개월 무렵에 처음으로 하는데, 난독증 아이는 생후 12개월이 지나도 의미 있는 말을 시작하지 않아 언어 장애가 의심된다. '엄마'라는 단어도 생후 15개월이 지나서 말하는 경우가 많다.

언어 발달 초기에 아이가 하는 말은 문법적으로나 발음적으로나 부정확해 주위 사람들이 제대로 알아듣는 경우는 10명 중 3명 정도. 이후 아이들은 10명 중 5명, 10명 중 7명이 알아들을 수 있는 말을 한다. 대부분 생후 36개월은 지나야 10명 모두가 알아들을 수 있는 말을 한다.

하지만 난독증 아이는 만 4세가 지나도 듣는 사람 모두가 알아듣기 어려운 부정확한 발음으로 말을 하는 경우가 많다. 난독증 아이는 발음도 부정확하지만 운율에 대한 인지도 부족해 동요를 배워도 박자에 대한 감각이 떨어진다.

조기 진단의 중요성

난독증도 조기 진단이 중요하다. 아이의 뇌는 발달 과정에 있고 뇌의 가소성도 높아 연령이 낮을수록 교육이나 치료에 대한 효과가 빠르다. 난독증 아이는 5세가 되어도 대화 속에서 말소리의 최소 단위인 음소를 인지하지 못하고, 6세가 되어도 그림책 글자 속의 문자소를 음소로 연결하지 못하고, 12세에는 소리 내어 읽는 것을 두려워하고, 결국 읽기에 어려움을 겪으며 학교 수업을 힘들어한다. 난독증 아이의 읽기 능력은 초등학교 1학년 때보다는 2학년 때, 2학년 때보다는 3학년 때 다른 아이들과 격차가 점점 더 심해진다.

아이들은 초등학교에 들어가서 읽기를 본격적으로 배운다. 초등학교 교과 과정을 전체적으로 조망해보면 1학년에서 2학년까지 2년 동안은 읽기를 배우고, 3학년에서는 읽기를 수월하게 할 정도로 '읽기 자동성'을 획득하며, 4학년 이후에는 자신의 읽기 능력을 이용해 필요한 지식을 습득한다. 즉, 아이들은 4학년이 되어야 읽기를 사고와 학습에 본격적으로 이용하는 것이다. 그래서 이 시기가 앞으로의 학습 능력을 결정한다.

난독증 아이는 1, 2학년 때는 받아쓰기에 많은 시간을 들여도 항상 점수가 나쁘다. 3학년이 되어도 공부하는 데 남들보다 더 많은 시간이 걸린다. 특히 난독증 아이가 낭독하는 모습을 관찰해보면 문장에서 읽기 어려운 단어가 나오면 빼먹고 읽거나 다른 단어로 바꿔 읽는다. '개나리', '항아리', '미나리', '하나로'를 늘어놓고 운율 특징이 다른 단어를 하나 고르라고 하면 제대로 고르지 못한다. 또한 낭독을 할 때, '읽기 리듬'을 스스로 조절하지 못한다. 아이가 읽기 속도를 자신의 의지대로 조절하지 못하고, 말소리의 높낮이와 강약을 청자가 알아듣기 좋게 첨가하지 못하며, 청자가 요구하는 대로 읽지도 못한다.

취학 전 난독증을
파악할 수 있는 신호들

만 5세까지는 뇌가 말을 배우기에 적합한 시기다. 이 시기에 대부분의 아이는 상대방과 대화를 할 수 있는 수준까지 모국어를 습득한다. 그리고 이 시기를 넘기면 모국어 습득이 지연되어 친구 관계와 학습에 좋지 않은 영향이 미친다. 따라서 취학 전에 난독증이 있는지 발견하는 것이 중요하다. 취학 전 난독증 의심 증상은 다음과 같다.

듣기

난독증 아이들 중에는 너무 잘 들어서 남들이 알아채지 못하는 소리까지 듣고, 소리 때문에 자주 주의가 분산되는 아이가 있다. TV 소리를 무서워하거나 화장실 물 내리는 소리에 귀를 막거나 청소기를 돌리면 방문을 닫고 들어가버리거나 시끄럽다고 화를 내는 등 생활 소음에 민감한 반응을 보인다. 소리를 걸러내는 선택적 청취력에 문제가 있어 말소리를 이해하는 데 어려움을 겪는 것이다.

말하기

생각을 말로 표현하는 데 어려움이 있다. 머뭇거리거나 문장을 끝내지 못하고, 스트레스 상황에서는 말을 더듬으며, 긴 단어를 발음하지 못하고, 구, 단어, 음절의 앞뒤 순서를 바꾸어 말한다. 끝말잇기 등의 운율을 활용한 말놀이도 잘하지 못한다. 운율을 활용한 놀이는 말의 작은 단위를 파악하는 능력을 키워 주는데 난독증 아이는 이런 놀이에 유독 약하다.

시지각과 읽기

신발의 왼쪽, 오른쪽을 구별하지 못하는 것, 단추를 잘 못 끼우는 것, 걸음걸이가 넘어질 듯 뒤뚱거리는 것, 잘 넘어지고 모서리에 잘 부딪히는 것, 공 주고받는 것이 안 된다. 놀이기구 타는 것을 지나치게 무서워하고 빙빙 도는 것에 두려움을 느낀다. 읽을 때 어지럼증, 두통, 메스꺼움을 호소한다.

이는 시지각적 능력과 평형 감각의 문제로 나중에 글자를 거꾸로 쓰거나 좌우를 바꾸어 쓰는 결과로 이어질 수 있다. 책을 읽더라도 글자의 소리와 완전히 다른 소리로 읽거나 앞에서 이미 공부한 것과 똑같은 자음과 모음으로 이루어진 단어도 전혀 읽지 못한다. 예를 들어 '가요'를 배워도 '요가'는 읽지 못하는 것이다.

운동 기술

돌잔치 때 앉아 있지를 못해 뒤에서 받쳐줘야 할 정도로 몸의 균형을 못 잡고 손가락으로 V자를 만들지 못하거나 가위바

위보 놀이도 못할 정도로 손놀림이 둔한 아이가 있다. 공 다루기와 단체 운동에서 움직임이 둔하고 감각이 통합되지 않는다.

한글 습득

아이가 통글자는 쉽게 익혔는데 낱글자의 소리를 터득하지 못한다면 글자 읽는 방법을 터득한 것이 아니라 통글자의 모양을 외워 읽는 것이다. 외워 읽는 것은 한계가 있기 때문에 글자가 많은 책을 아예 안 보려고 하는 아이는 난독증을 의심해볼 수 있다.

평형 감각이 좋은 아이가 책을 잘 읽는다

인범이는 움직이는 것을 너무 싫어한다. 친구들이 좋아하는 놀이에도 흥미가 없고 혼자서 조용히 지내는 시간이 많다. 학교에 가면 쉬는 시간에 자리에 가만히 앉아 있는다. 자신이 왕따라고 말하면서도 친구들과 어울릴 생각이 없다. 선생님은 목소리가 너무 커서 무섭고, 친구들은 너무 뛰어다니고 시끄러워서 보기만 해도 어지럽다고 한다. 학교에 갔다 와서도 나가서 놀지 않고 과자를 먹으면서 TV를 보거나 종이접기를 한다.

***

난독증 아이의 운동 기술

대근육 운동

난독증 아이들 중에는 대근육 운동 발달이 좋아 선천적으로 운동 능력이 뛰어난 아이가 있다. 그러나 대근육 운동에 문제가 있는 난독증 아이는 감각 통합이 어렵다.

감각 통합이 어려운 아이는 여러 근육을 한꺼번에 사용하는 것이 어렵기 때문에 정확하게 공을 차지 못하고, 여러 단계가 있는 복잡한 운동 과제에 당면하면 어떻게 해야 할지를 모르고, 간단한 운동 과제도 순서대로 하지 못한다. 심지어는 왼쪽과 오른쪽을 구분하는 것이 안 되는 경우도 있고, 균형을 잡는 것도 어렵기 때문에 자신의 신체 주변에 있는 물건이나 사람과의 관계를 잘 인식하지 못한다. 둔해 보일 뿐 아니라 똑바로 서는 것이 잘 안 된다.

촉각에도 문제가 생기는데, 특정 질감을 터치하는 것에 과민성을 보인다. 특정 음식을 씹을 때 느끼는 촉각에 강한 거부감을 나타내기도 한다. 그리고 자신의 과민성에 대해 부끄러워하며 드러내는 것을 꺼린다.

소근육 운동

소근육 운동이 중요한 이유는 읽기, 쓰기, 도구 사용하기 등에 필요하기 때문이다. 이 부분에 문제가 있으면 눈으로 본 것을 손으로 옮겨 적는 일이 어려울 수 있다. 왼쪽과 오른쪽을 분간해 자동적으로 운동 근육 과제를 완성해야 하는데, 'b'와 'd'를 혼동하거나, 'p'와 'q'를 혼동하기도 한다.

속도도 문제가 된다. 평형 감각 난독증 아이는 쓰는 속도가 매우 느려, 많은 양의 글을 손으로 쓰기 힘들어한다. 수학 장애도 있을 수 있다. 글의 내용이나 그림의 위치를 정하는 능력에 문제가 있어 연산을 어려워한다. 그리고 소근육 운동의 기억력이 떨어져 쓰기 동작이 잘되지 않는다.

평형 감각의 뇌

아이가 자세를 바꾸거나 움직일 때마다 평형 기관은 신체의 변화를 두뇌로 전달해서 새롭게 몸의 자세와 움직임을 만들어 평형을 유지하게 한다. 감각에는 눈, 귀, 코, 혀, 피부에서 오는 외부 감각과 고유 수용성 감각, 전정 감각처럼 신체 내부 감각이 있다. 평형 유지에는 시각, 고유 수용성 감각, 전정 감각 세 가지가 관여한다. 그런데 감각 자극은 하나씩 들어오지 않고 모든 감각 자극이 동시에 들어오는데, 한꺼번에 들어온 자극들이 여과되지 않고 두뇌로 전달되면 과부하에 걸릴 수 있다.

평형 유지에 필요한 세 가지 감각 중 시각이 제일 큰 비중을 차지한다. 그래서 눈을 감고 한 발로 서기가 어렵고 눈을 빠르게 움직일 때 어지럼증을 경험하는 것이다. 고유 수용성 감각은 근육과 관절 등의 상태를 감지하며, 전정 기관은 귓속 달팽이관 옆에 있는 작은 감각기관으로 머리와 몸의 움직임을 감지한다.

차만 타면 어지럽고 멀미를 하는 사람들이 있다. 어지럼증이라는 것은 전정 기관에 너무 많은 자극이 들어올 때 생기는 현상이다. 차체의 진동으로 몸이 끊임없이 흔들리고, 빠르게 지나가는 물체에 시선을 고정할 수 없어 계속해서 평형이 망가진다. 평형 기관이 새롭게 평형을 유지하기 위해서 계속해서 많은 자극을 처리하다가 더 이상 처리할 수 없는 과부하 상태가 되면 멀미나 어지럼증으로 나타난다.

이런 평형 감각이 학습에도 영향을 미친다. 운동에만 중요하다고 생각되는 평형 감각이 읽기 능력도 좌우하는 것이다. 평형 감각이 떨어지면 안구 운동이 원활하지 않고, 안구 운동이 느리고 제한적이면 빠른 속도로 읽을 수가 없다. 아이가 책만 보면 머리가 아프고 어지럽다고 한다면 혹시 평형 감각에 문제가 있는 것은 아닌지 의심해봐야 한다.

소뇌-전정시스템

헤럴드 레빈슨 박사는 난독증의 75%가 평형 감각에 문제가 있다고 했다. 평형 유지에는 소뇌-전정 시스템이 중요하며,

소뇌와 전정핵은 서로 긴밀하게 연결되어 하나의 시스템으로 작용한다. 소뇌-전정 시스템은 시각, 촉각, 고유 수용성 감각, 청각 등 모든 감각 정보를 받아들이고, 눈, 귀, 손 등 모든 운동 기관으로 명령을 보낸다. 소뇌-전정 시스템은 모든 감각 운동을 통합하고 조절하는 기능을 한다.

전정-안구 반사 시스템

머리가 움직일 때 눈을 물체에 고정할 수 있는 것은 전정-안구 반사가 있기 때문이다. 여기에 문제가 생기면 책을 읽을 때 글자를 추적하는 과정에서 안구를 고정하지 못해 글자의 이미지가 흔들리고 방향이 혼동되며, 글자를 빼먹고 읽거나 앞뒤를 바꿔 읽게 된다. 그러면 기억도 제대로 못 하고, 쓸 때는 글자의 모양이 엉망이 되며, 철자도 틀리게 쓴다.

이런 아이들은 책만 보면 멀미가 난다. 글자는 고정되어 있지만 눈이 움직이면서 글자를 추적해나가는 과정에서 계속해서 새로운 평형을 찾아야 하기 때문에 한계에 다다르면 어지럼증이 생기는 것이다. 차를 타거나 놀이기구를 탈 때처럼 책을 보면서도 눈이 미세하게 흔들리고 평형이 깨져 멀미가 생길 수 있다.

난독증과 리듬

최근의 연구에 따르면 리듬을 인지하는 능력과 인지된 리듬에 몸동작으로 타이밍을 맞추는 능력을 향상시키면, 시간 정보 처리 능력이 개선되어 언어 능력과 읽기 능력도 향상된다고 한다.

리듬이란 규칙적으로 일어나는 운동으로 강약 요소가 규칙적으로 연속될 때 뚜렷하게 나타난다. 아이가 리듬을 인지한다는 것은 소리 정보 속에서 강약 요소의 규칙성을 알아낸 것이다. 그래서 흔히 아이가 박자에 맞춰 노래를 부르고 음악에 맞춰 춤을 추면, 박자감이 좋다고 말하거나 리듬감이 좋다고 말한다.

이렇게 박자에 맞춰 노래를 잘 부르거나 춤을 잘 추기 위해서는 먼저 리듬을 정확히 인지해야 한다. 리듬의 패턴이 어떤 규칙성을 가지고 있는지 모른다면 그 리듬에 맞춰 행동하는 것은 당연히 불가능하다. 리듬감이 있는지, 즉 리듬 인지를 잘 하는지를 평가하려면 박자에 맞춰 어떤 동작을 했을 때, 그 동작이 박자에서 얼마나 어긋났는지 센서를 이용해 시간을 측정하면 된다. 어긋난 시간이 0초라면 박자를 정확히 맞춘 것이고, 어긋난 시간이 늘어날수록 박자에 잘 맞추지 못한 것이다.

아이의 평형 감각을 향상시키려면

앞서 말한 인범이는 전정 기관이 과민한 상태이기 때문에 바깥에서 들어오는 자극을 피하고 움직임을 최소화하는 경향이 있다. 그러나 인범이도 평형 기관의 기능이 좋아지면 학교에서 친구들과 야구와 축구를 하며 뛰어놀 수 있다.

신체 활동을 충분히 시키자

너무 많은 시간을 책상에 앉아 보내면 부족해지기 쉬운 것이 신체 활동이다. 어릴수록 운동을 많이 해야 두뇌가 발달한다. 움직임을 통해서 새로운 운동 기술을 습득할 수 있도록 해야 하며, 운동을 통해 스트레스를 해소할 수 있도록 해야 한다. 특히 왼쪽-오른쪽, 손-발을 교차하면서 상체와 하체를 균형 잡히게 하는 운동이 아이의 두뇌 발달에 좋다.

아이를 터치할 때는 조심하자

특히 촉각 방어가 있는 아이는 조심해야 한다. 아이를 터치해야 할 경우에는 미리 양해를 구한 다음 팔을 천천히 올리고 아이가 과민한 반응을 보이지 않도록 조심히 만진다.

쓰기 과제를 도와주자

글자는 베껴 쓰는 일은 아이들 대부분이 싫어한다. 되도록 아이가 깨끗하게 쓰기 위해 다시 베껴 쓰는 일이 없어야 한다. 평형 감각 난독증 아이에게는 공간 문제도 많기 때문에 두 번째 쓸 때에도 실수가 줄지 않는다. 따라서 쓰기 과제를 할 때에는 줄을 하나 건너뛰게 한다. 그리고 줄이 넓은 노트를 사용하는 게 좋다.

또한, 쓰기 과제는 길지 않게 내주어야 아이가 잘 해낼 수 있다. 쓰는 동작은 엄청난 노력을 필요로 하기 때문에 아이가 지치지 않고, 무리하지 않는 선에서 즐길 수 있을 만큼만 쓰게 하자. 가끔 대안적인 과제를 제공해도 좋다. 쓰는 과제 대신 다른 것을 하게 하는 것이다.

박자 인지력을 높여주자

평형 감각 난독증 아이는 박자를 인지하는 능력이 많이 부족하다. 박자에 대한 인지가 안 되면 박자에 맞춰 동작을 시행하는 것이 처음부터 불가능하다. 이럴 때는 박자가 아주 뚜렷하게 들리는 음악, 타악기로만 연주된 음악을 들려주자. 귀에 들리는 소리 속에서 리듬을 찾아 인지하는 것을 먼저 해야 한다.

박자 맞추는 훈련을 시키자

아이에게 일정한 리듬의 박자를 들려주면서, 그 박자에 맞춰 정해진 동작을 하게 한다. 아이가 동작을 한 번 할 때마다 센서를 이용해 박자보다 빨랐는지, 늦었는지 박자에 어긋난 시간을 측정하자. 실시간으로 측정치를 알려주면 아이가 박자를 맞추고 그다음 동작을 하는 데 도움이 된다.

배움의 속도를 변화시키는 감각 통합 훈련

배움이 느린 것이 시각, 청각, 균형 감각 등 여러 감각을 통합하는 것과 관련되어 있다는 보고들이 많으며, 이 보고를 기반으로 치료적 접근을 시도하는 논의들이 이어지고 있다. 감각 통합 훈련은 세밀하게 구조화된 반복 운동을 통해 아이들이 감각을 통합하는 법을 배워 감각 정보에 보다 잘 반응하게 하는 것이다.

시각 훈련

학습 장애가 있는 아이들을 위한 안구 훈련 중 하나다. 시각 훈련은 안구 운동의 결함과 시각적 인지의 문제가 난독증, 언어 장애 또는 ADHD와 자주 동반되는 다른 학습 문제를 일으킬 수 있다는 이론에 근거한다. 이론을 창안했거나 지지하는 검안사들은 이 이론에 근거해 '행동 검안법'이라는 치료법을 만들었다.

행동 검안법은 학습을 향상시키기 위한 목적으로 아이들에게 특정 시각 기술들을 가르치는 훈련이다. 이 훈련 내용에는 움직이는 물체를 눈으로 따라가며 빠르고 정확하게 물체에 시선을 고정시키는 방법과 양 눈을 같이 움직이고 효과적으로 초점을 변화시키는 방법이 포함된다. 안구의 운동과 특수한 색깔의 프리즘 렌즈를 통해 이루어진다.

시각 훈련은 또한 학습 기술 훈련과 영양, 대인 관계 훈련 등으로 부족한 부분에 대한 보완이 추가된다. 그러나 난독증이나 학습 장애가 시각 결손이나 시각 문제에 의해 일어나는 경우는 많지 않다. 따라서 시각 훈련을 난독증이나 학습 장애에 모두 적용하는 것은 비효율적이라고 볼 수 있다.

인터랙티브 메트로놈 훈련

김연아 선수나 박지성 선수의 영어 인터뷰는 매끄럽고 훌륭한 편이다. 실제로 운동은 언어나 학습에 직접 영향을 준다. 신체 활동을 통해 근육만 훈련하는 것이 아니라 뇌도 활성화되어 새로운 내용을 학습하는 능력이 좋아진다.

캘리포니아대학교의 린다 에이커돌로 교수는 아이들을 대상으로 한 연구에서 손짓이나 제스처를 사용하지 못하게 한 아이들이 손짓과 제스처를 사용한 아이들보다 언어 습득과 인지 기능이 현저히 떨어진다는 사실을 발견했다. 하버드대학교 정신건강의학과 존 레이티 교수는 네이퍼빌 센트럴 고등학교 학생들이 아침 체육 수업에서 체력 단련을 하면서 전국에서 가장 건강해지고 성적도 우수해졌다고 말했다. 운동을 통해 뉴런이 새로운 회로를 만든 것이다.

'입력-정보 처리-출력' 전체를 호전시키는 인터랙티브 메트로놈Interactive Metronome이라는 도구가 있다. 인터랙티브 메트로놈은 음악가들이 일정 속도로 박자를 유지하는 훈련에 사용하는 제박기의 컴퓨터 버전이다. 훈련은 컴퓨터로 만든 박자를 아이에게 들려주고, 아이가 손이나 발로 박자를 맞추면, 박자에 맞춘 정확도를 알려주어 박자 맞추는 능력을 향상시킨다.

인터랙티브 메트로놈 훈련은 헤드셋을 통해 일정한 간격으로 들리는 소리에 손과 발, 왼쪽과 오른쪽, 앞과 뒤, 발가락과 발꿈치 등을 조합한 다양한 동작을 유연하게 할 수 있다. 자극 시간과 반응 시간의 오차를 1,000분의 1초 단위로 측정해 시각과 청각으로 피드백해주면 스스로 잘하고 있는지를 판단해서 리듬과 반응 타이밍을 개선한다. 이 훈련의 이론적 근거는 아이들의 운동 계획과 타이밍 능력을 향상시켜 충동성은 줄이고 음운 인식은 높인다는 것이다. 인터랙티브 메트로놈 훈련이 청지 각 난독증에 도움이 된다는 보고도 있다.

뉴로피드백

배움이 느린 아이들을 위해 제안된 치료법들 중에는 자기 최면, 이미지 요법, 뉴로피드백, 이완 요법 등이 있다. 이 치료 법들의 목적은 아이들이 자신의 행동과 정신 상태의 조절 능력 을 향상시키는 데 있다. 이런 치료법들은 자기 조절의 다른 영 역(두통 조절, 장 운동 조절 등)에서도 꽤 성공적으로 사용될 수 있다. 그래서 배움이 느린 아이를 위한 치료법의 한 형태로 설 득력을 얻고 있다.

뉴로피드백 훈련은 아이의 머리에 전극을 붙이고, 두뇌 활 동을 기록하고, 두뇌 활동으로 나오는 뇌파가 원하는 주파수를 보일 때 반응하도록 설계한 기기를 사용한다. 두뇌 활동을 각성 시키고, 집중력을 높이고, 결과적으로 과잉 행동과 충동성을 감소시키는 결과를 얻을 수 있다는 이론이다.

뇌파는 두뇌에서 나오는 전기적인 신호인데 뇌파의 주파 수에 따라서 정신 상태도 달라진다. 베타파는 집중하는 데 필 요한 뇌파, 세타파는 졸린 상태에서 나오는 뇌파, 알파파는 멍 한 상태에서 나오는 뇌파다. 산만하고 충동적인 아이들의 전두

영역은 세타파가 높고 베타파가 낮고, 집중력이 약한 아이들은 깨어 있을 때도 졸린 상태의 세타파가 많이 활성화되어 있다. 그래서 뉴로피드백 훈련으로 세타파를 낮추고 베타파를 높여, 집중력을 늘리고 충동성을 줄여주는 것이다.

뉴로피드백은 눈을 뜨고 베타파를 강화하는 훈련과 눈을 감은 상태에서 알파파와 세타파를 활성화하는 알파-세타 훈련이 있다. 아이의 뇌는 1,500번 또는 5,000번을 반복하면 장기 기억하게 되어 더는 훈련하지 않아도 자동으로 두뇌 활동의 각성 수준과 집중력을 높이는 학습 기관이기 때문이다.

이처럼 의식의 관여 없이 자동적으로 조절되는 혈압, 체온, 근육긴장도 등 생체 정보를 곧바로 피드백해 스스로 통제할 수 있는 능력을 습득하게 하는 기술을 바이오피드백이라고 한다. 뉴로피드백은 뇌파라는 생체 신호를 스스로 조절하는 법을 배우는 바이오피드백의 일종이다.

배움이 느린 아이들

초판 1쇄 발행일 2022년 3월 22일
초판 3쇄 발행일 2023년 12월 11일

지은이 김영훈

발행인 윤호권
사업총괄 정유한

편집 정상미 **디자인** 박지은(표지) 박정원(본문)
발행처 ㈜시공사 **주소** 서울시 성동구 상원1길 22, 7-8층(우편번호 04779)
대표전화 02-3486-6877 **팩스(주문)** 02-585-1755
홈페이지 www.sigongsa.com / www.sigongjunior.com

글 © 김영훈, 2022 | 그림 © 0.1, 2022

WEPUB 원스톱 출판 투고 플랫폼 '위펍' _wepub.kr
위펍은 다양한 콘텐츠 발굴과 확장의 기회를 높여주는
시공사의 출판IP 투고·매칭 플랫폼입니다.